narr studienbücher

Holger Siever

Übersetzen Spanisch – Deutsch

Ein Arbeitsbuch

Dr. Holger Siever ist Wissenschaftlicher Mitarbeiter an der Abteilung Spanische und Portugiesische Sprache und Kultur des Fachbereichs Angewandte Sprach- und Kulturwissenschaft der Johannes Gutenberg-Universität Mainz.

Bibliografische Information der Deutschen Nationalbibliothek

Die Deutsche Nationalbibliothek verzeichnet diese Publikation in der Deutschen Nationalbibliografie; detaillierte bibliografische Daten sind im Internet über <http://dnb.d-nb.de> abrufbar.

Dischingerweg 5 · D-72070 Tübingen

Gedruckt auf chlorfrei gebleichtem und säurefreiem Werkdruckpapier.

Internet: http://www.narr-studienbuecher.de
E-Mail: info@narr.de

Druck: Gulde, Tübingen
Bindung: Nädele, Nehren
Printed in Germany

ISSN 0941-8105
ISBN 978-3-8233-6391-0

Inhalt

1 Einleitung

1.1 Wozu dieses Arbeitsbuch?

Das Arbeitsbuch *Übersetzen Spanisch – Deutsch* bietet eine Einführung in die Probleme, die sich beim Übersetzen aus dem Spanischen ins Deutsche aufgrund der je unterschiedlichen *Grammatik* ergeben. Dies bedeutet, dass diejenigen übersetzerischen Probleme nicht behandelt werden, die aufgrund des Wortschatzes (Lexik) oder der nicht deckungsgleichen Bedeutungen der Wörter (Semantik) entstehen. Auch werden nicht alle in der Grammatik begründeten Übersetzungsprobleme besprochen. Das Arbeitsbuch konzentriert sich auf *synatktische Probleme*, also auf Probleme, die ihre Ursache im unterschiedlichen Satzbau haben. Deshalb ist es ganz bewusst satz- und grammatikorientiert aufgebaut. Diese Struktur bedarf einer näheren Erläuterung.

Die Übersetzungswissenschaft ist eine relativ junge Disziplin, die in den letzten fünfzig Jahren einen rasanten Aufstieg genommen hat. In dieser Zeit wurden zahlreiche Übersetzungstheorien aufgestellt, von denen für die Ausbildung von Übersetzern vor allem die linguistischen, die hermeneutischen und die funktionalistischen Ansätze von Bedeutung sind.

Im Gegensatz dazu hat sich die Übersetzungsdidaktik nicht in dem Maße sprunghaft entwickelt. Dies ist besonders am Mangel brauchbarer Hilfsmittel für den Übersetzungsunterricht oder für das Selbststudium spürbar. Vergleicht man die Anzahl der übersetzungsrelevanten Hilfsmittel mit den fast unüberschaubar vielen hundert Lehr-, Arbeits- und Übungsbüchern, den Lern- und Übungsgrammatiken sowie Verbtabellen für die verschiedenen Fremdsprachen, wird deutlich, wie viel noch in diesem Bereich zu tun bleibt. Während sich der Fremdsprachenlerner im didaktischen Schlaraffenland wähnen darf, befindet sich der angehende Übersetzer[1] gleichsam in einer bucharmen Ödnis.

In Bezug auf die Frage, welches die angemessene Übersetzungseinheit sei, lässt sich die theoretische Entwicklung knapp in den Worten resümieren: vom Wort, zum Satz, zum Text. Während Walter Benjamin (1963, 166) in seinem vielbeachteten Aufsatz über die *Aufgabe des Übersetzers* noch Anfang des 20. Jahrhunderts meinte, das Wort und nicht der Satz sei „das Urelement des Übersetzers", stellten seit den 1960er Jahren die Vertreter der linguistischen Übersetzungstheorien wie Otto Kade oder Werner Koller den Satz in den Mittelpunkt ihrer Betrachtungen. Die heute gängigen – nicht nur funktionalistischen – Übersetzungstheorien gehen inzwischen davon aus, dass weder Wort noch Satz, sondern der Text als Ganzer die grundlegende Übersetzungseinheit ist.

---

[1] Verbum hoc ‚si quis' tam masculos quam feminas complectitur.

Welche Auswirkung hatte diese theoretische Wanderung vom Wort über den Satz zum Text für die Übersetzungsdidaktik?

Erstens verlagerte sich der Schwerpunkt des Übersetzungsunterrichts auf den übersetzerischen Umgang mit Texten. Zweitens gelten heute Probleme im Umgang mit Wörtern und Sätzen vielfach als vorgelagerte Probleme, die von einer mangelnden fremdsprachlichen Kompetenz herrühren und daher keine Übersetzungsprobleme im eigentlichen Sinne darstellten. Drittens kam es zu einer Abgrenzung zwischen Kontrastiver Linguistik einerseits und Übersetzungswissenschaft andererseits und der entsprechenden Ausdifferenzierung von „Zuständigkeitsbereichen". Dies führte viertens dazu, dass die beim Übersetzen auftretenden grammatikalischen Probleme, die ja zu einem Teil auf sprachsystembedingten Unterschieden und zum anderen Teil auf je unterschiedlichen stilistischen Verwendungsgewohnheiten beruhen, kaum mehr eine übersetzungsrelevante Thematisierung erfuhren.

Die Folge ist, dass es speziell für das Sprachenpaar Spanisch-Deutsch außer ein paar Werken mit kommentierten Musterübersetzungen nur zwei nennenswerte satz- oder grammatikorientierte Hilfsmittel gibt:

(1) Nelson Cartagena und Hans-Martin Gauger (1989): Vergleichende Grammatik Spanisch – Deutsch. Mannheim: Dudenverlag
(2) Christiane Nord (2003): Kommunikativ handeln auf Spanisch und auf Deutsch – ein übersetzungsorientierter funktionaler Sprach- und Stilvergleich. Wilhelmsfeld: Egert.[2]

Die zweibändige, fast 1500 Seiten umfassende *Vergleichende Grammatik* von Cartagena und Gauger ist ein unverzichtbares Nachschlagewerk, auf das ich bei der Konzeption des vorliegenden Buches – vor allem bei den Beispielsätzen – immer wieder zurückgegriffen habe. Für die Ausbildung von Übersetzern erweist sich dieses Mammutwerk jedoch als unhandlich. Es ist sehr teuer, seit geraumer Zeit vergriffen und eine Neuauflage scheint nicht geplant zu sein. Vor allem aber ist es als Nachschlagewerk und nicht als Arbeitsbuch zur Vertiefung bestimmter Kenntnisse und Fertigkeiten konzipiert.

Die beiden Autoren waren sich der Tatsache bewusst, dass die von ihnen geleistete Grundlagenarbeit „didaktisch erst noch ‚umgesetzt' werden" müsse und forderten selbst dazu auf: „vivant sequentes!" (Cartagena/Gauger 1989, II, 401 bzw. 407). Das vorliegende Arbeitsbuch greift diese Anregung auf und versteht sich somit – in der Nachfolge von Cartagena und Gauger stehend – als Umsetzung der vergleichenden Grammatik für die Zwecke der Ausbildung von Translatoren.

Ähnlich verhält es sich mit der kontrastiven Stilistik von Christiane Nord. Mit über 450 Seiten ist es ebenfalls ein umfangreiches Werk, das eher dem Erwerb

2 Darüber hinaus hat Christiane Nord 2002 einen Selbstlernkurs zum Übersetzenlernen und Übersetzenlehren unter dem Titel *Fertigkeit Übersetzen* herausgebracht, der allerdings sprachübergreifend angelegt ist.

theoretischen Wissens verpflichtet ist, obschon es auf die Bedürfnisse von Übersetzern hin konzipiert ist.

Weder eine kontrastive Grammatik (wie die von Cartagena/Gauger) noch eine kontrastive Stilistik (wie die von Nord) sind für das Einüben übersetzerischer Fertigkeiten im Sinne einer sicheren Handhabung der spanischen und deutschen Stilistik geeignet. Sie sind beide eher für den Kenner als für Anfänger geschrieben. Sie bilden aber eine gute Möglichkeit, sich die theoretischen Grundlagen anzueignen, auf denen die übersetzerischen Entscheidungen beruhen.

Meine langjährige Erfahrung in der Ausbildung angehender Übersetzer hat mir gezeigt, dass die Beherrschung spanischer Satzkonstruktionen nicht nur ein Problem der fremdsprachlichen Kompetenz, sondern auch und gerade der übersetzerischen Kompetenz ist. Dies zeigt sich zum Beispiel darin, dass Studierende bestimmte Satzkonstruktionen im Rahmen von Textproduktionsaufgaben korrekt bilden oder im Rahmen von Hörverstehensübungen korrekt verstehen können, dennoch aber nicht in der Lage sind, die entsprechenden grammatikalischen Konstruktionen angemessen zu übersetzen.

Bei den klassischen Nichtschulsprachen - wie dem Spanischen - beginnen die angehenden Übersetzer ihr Studium in der Regel mit einem Sprachniveau zwischen A1 (Anfänger) und B2 (Fortgeschrittene). Das heißt, sie müssen während ihrer Übersetzerausbildung ihre fremdsprachliche Kompetenz noch erheblich vertiefen, um schließlich mit C1 oder C2 ein fast-muttersprachliches oder sogar muttersprachliches Niveau zu erreichen.

Praktisch bedeutet dies, dass eben gerade *nicht* ab dem ersten Semester auf hohem Niveau das Übersetzen komplexer Texte eingeübt werden kann. Die ersten Semester des Übersetzerstudiums werden fast überall (1) zur weiteren Vertiefung der fremdsprachlichen Kompetenz und (2) zur Grundlegung der übersetzerischen Kompetenz genutzt. Da bei den Studienanfängern weder die fremdsprachliche noch die übersetzerische Kompetenz voll ausgebildet ist, sollten die zu bewältigenden Übersetzungsaufgaben diesem Niveau angepasst sein.

Der Schwierigkeitsgrad der Übersetzungen sollte sich im Laufe des Studiums steigern. Dies kann zum Beispiel dadurch erreicht werden, dass die Studienanfänger zunächst mit einzelnen Sätzen konfrontiert werden, bevor sie komplexe Texte übersetzen.

Das Arbeitsbuch *Übersetzen Spanisch - Deutsch* will ausdrücklich ein Arbeitsbuch sein, mit dem *angehende Übersetzer* den translatorischen Umgang mit bestimmten typisch spanischen Syntaxstrukturen lernen sollen. Es wendet sich also nicht in erster Linie an Fremdsprachenlerner, die sich mit bestimmten Syntaxstrukturen vertraut machen wollen, sondern es wendet sich ausdrücklich vor allem an Studierende der Übersetzungswissenschaft im ersten bis vierten Semester, die den *übersetzerischen* Umgang mit diesen Satzstrukturen einüben wollen.

Die leitenden Fragen sind also nicht „Was bedeutet diese Satzstruktur?" oder „Wie verwendet man diese Satzstruktur in der spanischen Gegenwartssprache?", sondern: „Welche verschiedenen Möglichkeiten gibt es, diese Satzstruktur ins Deutsche zu übertragen?"

Mario Wandruszka (1971, 56-73) prägte den Begriff der Polymorphie, der besagt, dass jede Sprache zum Ausdruck *eines* bestimmten Inhalts *mehrere* materielle Formen zur Verfügung stellt. Fast alles, was *so* gesagt worden ist, hätte auch *anders* gesagt werden können. Diesem Umstand wurde in der traditionellen äquivalenztheoretischen Übersetzungstheorie zu wenig Beachtung geschenkt.

Während die Äquivalenztheorie den Versuch darstellt, die Vielfalt der Ausdrucksmittel zweier Sprachen auf geordnete Paare von 1-zu-1-Entsprechungen (Äquivalenzen) zu reduzieren, hebt der Begriff der Polymorphie hingegen gerade auf die Pluralität der in einer Sprache verfügbaren Ausdrucksmittel ab.

In diesem Arbeitsbuch geht es mir darum aufzuzeigen, wie der Übersetzer kreativ mit der Vielfalt der Ausdrucksmittel umgehen kann, ohne reduktionistisch vorgehen zu müssen.

Jede Äußerung eines Sprechers ist das Ergebnis von Wahlentscheidungen. Und deshalb sollte auch jede übersetzte Äußerung auf einer Wahl beruhen, bei der sich der Übersetzer bewusst *für* eine bestimmte Formulierung oder syntaktische Konstruktion entscheidet. Dies impliziert natürlich auch durchdachte Entscheidungen *gegen* andere, ebenfalls mögliche, im konkreten Fall aber nicht gewünschte Formulierungen oder syntaktische Konstruktionen.

Wahlentscheidungen beruhen letztlich auf einer Zwecksetzung. Der Übersetzer muss sich der vom Autor bevorzugten Zwecksetzung bewusst sein, und er muss sich bewusst sein, welchen Zweck der Zieltext erfüllen soll. Im Idealfall fallen beide Zwecke zusammen. Aber häufig muss der Übersetzer entscheiden, welchem Zweck er für seinen Zieltext den Vorrang einräumt.

Translatorische Wahlentscheidungen basieren in der Regel auf der Beantwortung von Fragen: Welches Mittel ist am besten geeignet, den beabsichtigten (kommunikativen) Zweck zu erreichen? Welches Ausdruckmittel hat der Autor des Ausgangstextes gewählt? Welches Ausdrucksmittel könnte der Übersetzer des Zieltextes wählen? Unter welchen *möglichen* Ausdrucksmitteln kann der Übersetzer des Zieltextes wählen? Welche Ausdrucksmittel stehen ihm – aus welchen Gründen auch immer – nicht zur Verfügung?

Wenn mehrere Ausdrucksmittel zur Vermittlung (Übersetzung) desselben Inhalts zur Verfügung stehen, sind es vor allem *stilistische* Erwägungen, die bei der endgültigen Wahl des Ausdrucksmittels eine besondere Rolle spielen. Aber natürlich spielen auch textsortenspezifische, adressatenspezifische und zweckspezifische Überlegungen mit hinein.

Das vorliegende Arbeitsbuch beschränkt sich auf die Satzebene. Dies bedeutet, dass die angesprochenen stilistischen sowie die textsorten-, adressaten- und zweckspezifischen Überlegungen aufgrund des fehlenden Kontextes nicht – oder nur sehr eingeschränkt – zum Tragen kommen können, um translatorische Entscheidungen zu begründen. Sehr wohl können sie aber im Unterricht angesprochen und für verschiedene Fälle hypothetisch durchgespielt werden: Wenn der Beispielsatz x in einer Bedienungsanleitung vorkäme, wäre Übersetzungsvorschlag y zu bevorzugen, käme er jedoch in einem Gerichtsurteil vor, wäre Übersetzungsvorschlag z die bessere Wahl.

Mein Wunsch ist, dass dieses Arbeitsbuch nicht nur *privatim* zum Selbststudium, sondern auch im Übersetzungsunterricht eingesetzt würde. Dem Dozierenden fiele dann zum einen die Aufgabe zu, die Studierenden dazu anzuregen, für jeden Übungssatz mehrere, syntaktisch verschieden konstruierte Lösungen anzufertigen. Zum anderen sollte er sie dazu aufzufordern, die verschiedenen Lösungsvorschläge gegenseitig zu kommentieren und anhand der als translationsrelevant erachteten Kriterien zu bewerten.

An dieser Stelle sei deshalb eine Warnung angebracht: Die hier angegebenen Übersetzungs*lösungen* verstehen sich als *Vorschläge* für eine erste Rohübersetzung. Bei der Anfertigung einer professionellen Übersetzung (Endfassung) müssen selbstverständlich die oben genannten Überlegungen mit ins Kalkül gezogen und berücksichtigt werden.

Es kann daher vorkommen, dass die eine oder andere vorgeschlagene Übersetzungslösung etwas holprig oder gestelzt klingt. Das macht aber nichts. Denn es geht im Rahmen dieses Arbeitsbuches nicht darum, ‚gute', ‚richtige', ‚angemessene' oder gar ‚optimale' Übersetzungen anzubieten - geschweige denn vorzuschreiben (!) -, sondern mögliche Konstruktionen vorzuschlagen, die bei der eigenen Übersetzungstätigkeit berücksichtigt werden können, damit Sie in der Lage sind, bei der entsprechenden Problemstellung erfolgreich translatorisch zu agieren.

Zur Kompetenz professioneller Übersetzer gehört immer auch die Fähigkeit, die eigenen Übersetzungslösungen kritisch zu hinterfragen und nach bestimmten - „translationsrelevanten" - Kriterien bewerten zu können. Diese Kompetenz gehört jedoch nicht zum Skopos des vorliegenden Arbeitsbuches. Sein Zweck beschränkt sich vielmehr auf die Einübung bestimmter „Standardlösungen", die für die eigene übersetzerische Tätigkeit genutzt werden können - und entsprechend den jeweiligen Notwendigkeiten variiert werden müssen.

Da zu vielen Beispielsätzen mehrere Übersetzungsvorschläge gegeben werden, ist es dem Nutzer dieses Arbeitsbuches jedoch möglich, seine Fähigkeit zur kritischen Bewertung der Übersetzungsvorschläge hinsichtlich der jeweiligen stilistischen, textsorten-, adressaten- und zweckspezifischen Qualitäten auch selbst einzuüben.

Noch einmal: Es werden keine optimalen Übersetzungslösungen vorgegeben (optimal in Bezug worauf?), sondern *typische* Möglichkeiten vorgeschlagen, wie man die Beispielsätze übersetzen *könnte*. Die Tauglichkeit der vorgeschlagenen Übersetzungen kann erst im Hinblick auf konkrete Textzusammenhänge beurteilt werden. Die hier gegebenen Übersetzungsvorschläge orientieren sich zum einen daran, wie die jeweiligen Beispielsätze in der Vergangenheit in entsprechenden Texten übersetzt worden sind, und zum anderen daran, welche Lösungen in den Standardgrammatiken für Fremdsprachenlerner zu finden sind.

Die Übersetzungslösungen (bzw. -vorschläge) sind in keinem Falle präskriptiv zu verstehen. Sie sind aber auch nicht bloß deskriptiv. Sie dienen dazu, dem angehenden Translator Ideen zu geben, wie er für die ihm gestellten Übersetzungsprobleme zu eigenen Lösungen kommen kann, ohne gleichsam das Rad neu erfinden zu müssen. Da sie also der Erzeugung noch nicht realisierter Lösungen dienen, möchte ich ihren Charakter als *projektiv* bezeichnen.

1.2 Wie kam es zu diesem Arbeitsbuch?

Dieses Arbeitsbuch verdankt seine Entstehung einem Stipendium der Universitat de València, wodurch mir ein einmonatiger Forschungsaufenthalt in Valencia im März 2007 ermöglicht wurde. Ohne das Stipendium hätte die Arbeit an diesem Buch nicht so schnell vorangetrieben werden können. Für die Unterstützung während dieser Zeit möchte ich mich bei Juan José Calvo García de Leonardo, Brigitte Jirku und Carmen Gregori y Signes ganz herzlich bedanken, die mir in vielerlei Hinsicht behilflich waren.

Außerdem gilt mein Dank meinen Kolleginnen Helga Banzo, María Ángeles Hirsch, Eva-Katrin Müller und Nicolás Rivero vom Fachbereich Angewandte Sprach- und Kulturwissenschaft der Johannes Gutenberg-Universität Mainz in Germersheim, die mich in mehreren „Problemgesprächen" - teilweise ohne es zu ahnen - zu diesem Werk angeregt haben.

Mein besonderer Dank gilt meinem Kollegen José Manuel Sáenz Rotko von der Universidad Pontificia de Comillas in Madrid, der mir eine vorgeordnete Zusammenstellung typischer spanischer Satzstrukturen samt deren Übersetzung für die vorliegende Arbeit zur Verfügung stellte. Dies war eine wertvolle Hilfe, die mir die Arbeit wesentlich erleichtert hat.

Die Beispiel- und Übungssätze dieses Arbeitsbuches basieren auf mehreren Quellen. Erstens natürlich auf der Vorlage meines Kollegen Sáenz Rotko; zweitens auf der *Vergleichenden Grammatik* von Cartagena und Gauger; drittens auf der *Gramática del español* von López García; viertens auf dem Werk über *Perífrasis verbales* von Rafael Fente Gómez, Jesús Fernández Álvarez und Lope G. Feijóo; fünftens auf dem *Diccionario práctico de gramática* von Óscar Cerrolaza Gili; sechstens auf der zielgerichteten Lektüre bestimmter Zeitschriften; und siebtens auf der Lektüre einzelner belletristischer Romane und übersetzungswissenschaftlicher Fachbücher.

Folgenden Zeitschriften habe ich Material für meine Beispiel- und Übungssätze entnommen:

- *Qué y dónde*, einer wöchentlich erscheinenden Veranstaltungszeitschrift für Valencia (Nr. 1512 vom 02.03.2007)
- *Fotogramas*, einer monatlich erscheinenden Kinozeitschrift (Nr. 1960 vom Februar 2007)
- *Historia (National Geographic)*, einer monatlich erscheinenden populärwissenschaftlichen Zeitschrift für Geschichte (Nr. 39 vom März 2007)
- *Historia de Iberia Vieja*, einer monatlich erscheinenden populärwissenschaftlichen Zeitschrift für die spanische Geschichte (Nr. 21 vom März 2007)
- *Arte*, einer monatlich erscheinenden Kunstzeitschrift (Nr. 97 vom März 2007)

- *Qué leer*, einer monatlich erscheinenden Zeitschrift mit Buchbesprechungen (Nr. 119 vom März 2007)
- *Alma 100 - Revista de Flamenco*, einer zweimonatlich erscheinenden Zeitschrift über Flamenco (Nr. 68 vom September/Oktober 2006 und Nr. 70 vom Januar/Februar 2007)
- *Gidatu*, einer monatlich erscheinenden Veranstaltungszeitschrift für Vitoria (Nr. 49 vom April 2007)
- *Gaceta municipal (Kazeta udal) Vitoria-Gasteiz*, einer monatlich erscheinenden Zeitschrift der Stadt Vitoria-Gasteiz (Nr. 69 vom März 2007)
- *AUX.magazine*, einer zweimonatlich erscheinenden Veranstaltungszeitschrift für das Baskenland (Nr. 24 vom April/Mai 2007)

Zu den Büchern, denen ich einzelne Beispiel- und Übungssätze entnommen habe, zählen:

- Ildefonso Falcones de Sierra (2006): La catedral del mar. Barcelona: Grijalbo. (*Der* literarische Bestseller des Jahres 2006 in Spanien)
- Alberto Vázquez-Figueroa (2005): Ali en el país de las maravillas. Barcelona: Random House Mondadori. (Ein satirischer Roman, der die amerikanische Angst vor Osama bin Laden und allen, die so aussehen wie er, genüsslich aufs Korn nimmt.)
- Luis López Ruiz (2007): Guía del flamenco. Madrid: Akal.
- Ana B. Fernández Guerra (2001): El arte de traducir y la máquina de traducir: Antagonismo o síntesis integradora. Valencia: Albatros.

Ich wollte mich für die Zwecke dieses Arbeitsbuches bewusst nicht nur auf die Beispielsätze beschränken, die ich in den verschiedenen Grammatiken finden konnte. Besonders bei den Übungssätzen erschien es mir ratsam, dass sie - und auch deren Übersetzungen - nicht in irgendeinem sprachwissenschaftlichen oder grammatikalischen Werk zu recherchieren sind. Es handelt sich in der Mehrzahl um Sätze, die sozusagen direkt aus dem sprachlichen Leben des aktuell geschriebenen Spanischen gegriffen sind.

Auch wenn häufig genug der Einzelübersetzer in seinem Büro das Bild von der übersetzerischen Tätigkeit bestimmt, betrachte ich Übersetzen als Gemeinschaftsaufgabe, die im Team besser zu erledigen ist. Man denke nur an die Bedeutung des Korrekturlesens für die Qualitätssicherung - einer Aufgabe, die am besten von einer zweiten Person erledigt werden sollte, da man oft genug die eigenen Fehler nicht mehr sieht.

In diesem Sinne möchte ich die Nutzer dieses Arbeitsbuches auffordern, mir ihre Übersetzungsvorschläge für diejenigen Beispielsätze zu schicken, bei denen ihre Lösungen von den angegebenen abweichen. So kann sich künftig ein noch runderes Bild der möglichen typischen Lösungen ergeben.

1.3 Wie ist dieses Arbeitsbuch aufgebaut?

Das Arbeitsbuch behandelt die folgenden syntaktischen Konstruktionen: Gerundial-, Infinitiv-, Partizipial-, Relativ-, Spalt- und Sperrsätze sowie Einleitungssätze. Darüber hinaus befasst es sich mit Verbalperiphrasen, adverbialen Bestimmungen und Appositionen. Abschließend wird darauf eingegangen, welche spanischen Verbkonstruktionen mit dem deutschen Modalverb *werden* wiedergegeben werden können.

Jedes Kapitel ist so aufgebaut, dass zunächst die syntaktischen Konstruktionen erklärt und in ihrer grammatischen Funktionsvielfalt differenziert dargestellt werden. Eine Gerundialkonstruktion kann zum Beispiel kausale, modale, temporale, konditionale oder konzessive Funktion übernehmen. Je nachdem, welche Funktion ihr zukommt, ist das Gerundium anders ins Deutsche zu übersetzen. Für die einzelnen Funktionen der syntaktischen Konstruktionen werden spanische Beispielsätze und typische Übersetzungsvorschläge für das Deutsche angeführt.

Ein Übungsteil findet sich am Ende eines jeden Kapitels. Für die einzelnen syntaktischen Konstruktionen werden jeweils zwischen 15 und 40 einfache und komplexe Übungssätze angeboten. Wer von den Übungssätzen möglichst viel profitieren möchte, fertigt für jeden spanischen Übungssatz nicht nur eine, sondern zwei oder drei alternative Lösungen an. Die Darstellung der syntaktischen Konstruktionen wird abgerundet durch ein Kapitel mit *Gemischten Übungssätzen*, die zwei oder mehr der besprochenen grammatischen Probleme enthalten.

Wo sind die Lösungen für die Übungssätze zu finden? Bekanntlich geht die heutige Translationswissenschaft davon aus, dass es für einen ausgangssprachlichen Satz nicht nur die eine „richtige" Übersetzung gibt. Je nach der Komplexität des Satzes kann es eine Vielzahl von unterschiedlichen Übersetzungsmöglichkeiten geben. Deshalb können in diesem Band keine Lösungen angegeben werden, wie man es von Übungsgrammatiken her kennt. Zudem wäre die Gefahr zu groß, dass die *an*gegebenen Lösungen als *Vor*gaben missverstanden würden.

Aus diesem Grund haben wir uns entschlossen, Hinweise für mögliche Lösungen der Übungssätze auf die Website des Gunter Narr Verlags einzustellen unter http://www.narr.de/artikel_842.ahtml – dort finden sich Angaben darüber, um welche Art syntaktischer Konstruktion(en) es sich bei den einzelnen Übungssätzen handelt und an welche Muster man sich bei der Übersetzung halten kann oder sollte.

1.4 Grammatikalische Bezeichnungen

Die meisten, die Übersetzen studieren, werden Fachübersetzer. Von einem Fachübersetzer erwartet man, dass er sich in die Terminologie mindestens eines Fachgebietes – sei es der Technik, der Wirtschaft, der Medizin oder des Rechts – einarbeitet. Von ihm wird die Beherrschung der jeweiligen Fachsprache verlangt. Sollte es dann für Übersetzer im Allgemeinen nicht auch selbstverständlich sein, die Begrifflichkeit des eigenen Fachs, also des Übersetzens bzw. der Übersetzungswissenschaft, zu beherrschen? Zu den Fachbegriffen der Übersetzungswissenschaft gehören auch die grammatikalischen Bezeichnungen.

Meines Erachtens ist es für einen professionellen Übersetzer unabdingbar, dass er „seine" Fachsprache beherrscht. Ein Arzt, der nicht weiß, was Appendizitis ist, oder die Systole nicht von der Diastole unterscheiden kann, macht sich in den Augen seiner Patienten lächerlich und unglaubwürdig: Er würde das Vertrauen seiner Patienten verlieren und wäre bald arbeitslos. Ebenso der Übersetzer: Wer ein Adverb nicht von einem Adjektiv unterscheiden kann oder nicht weiß, was ein finites Verb ist, ist kein *professioneller* Übersetzer. Zur Professionalität gehört wesentlich die Beherrschung der Fachsprache.

In der Übersetzungswissenschaft hat sich die Einsicht durchgesetzt, dass der Übersetzer eine übersetzungsrelevante Textanalyse (Hönig 1986; Nord 1995) vornehmen sollte, bevor er sich an die Übersetzung bzw. Produktion des Zieltextes macht. Für eine solche Textanalyse ist ein Mindestmaß an grammatikalischen Kenntnissen notwendig. Und ebenso ist es vonnöten, die entsprechenden Begriffe zu kennen, um die Wortarten und Satzglieder im Ausgangstext bezeichnen zu können.

Für die Zwecke des Übersetzens ist keine bis ins kleinste Detail ausgetüftelte sprachwissenschaftliche Begrifflichkeit mit minutiös ausgearbeiteten feinsten Unterscheidungen erforderlich. Übersetzer wollen nicht die Sprache an sich umfassend beschreiben, sondern Begriffe zur Hand haben, mit denen sie die Wortarten und die Funktionen der verschiedenen Satzglieder schnell und einfach erfassen können.

Deshalb möchte ich hier keine erschöpfende Darstellung sämtlicher Wortarten und Satzglieder geben, die es im Deutschen und Spanischen gibt. Vielmehr möchte ich nur die Bezeichnungen der wichtigsten Wortarten und Satzglieder vorstellen, mit denen es der Übersetzer am häufigsten zu tun bekommt und die für die Zwecke einer übersetzungsrelevanten Textanalyse völlig ausreichend sind.

Bei den Wortarten beschränken wir uns auf: Substantiv, Verb, Adjektiv, Artikel, Pronomen, Präposition, Adverb und Konjunktion.

Bei den Satzgliedern beschränken wir uns – gemäß der spanischen Grammatik – auf die folgenden sechs: Subjekt, Prädikat, direktes Objekt, indirektes Objekt, adverbiale Bestimmung und attributive Bestimmung.

Diese Vereinfachung mag den Sprachwissenschaftler vielleicht nicht befriedigen, für die Zwecke einer übersetzungsrelevante Satz- und Textanalyse stellt sie jedoch ein ausreichend differenziertes und ein – vor allem für Studierende – beherrschbares Instrumentarium bereit. Wer sich tiefer in die grammatikalische Begrifflichkeit einarbeiten will, sei auf die in Abschnitt 1.5 aufgeführten Nachschlagewerke verwiesen.

1.4.1 Bezeichnung der Wortarten

Die Basis für die Einteilung der Worte in bestimmte Wortarten geht auf den römischen Grammatiker Dionysios Trax zurück, der im 1. Jahrhundert vor Christus lebte. Er unterschied die bereits genannten acht Wortarten: Substantiv, Verb, Adjektiv, Artikel, Pronomen, Präposition, Adverb und Konjunktion (Bußmann [3]2002, 750f.). Die Auswahl der Wortarten folgt also keinem modischen Trend, sondern beruht auf einer zweitausend Jahre alten Tradition.

Es gibt – je nach zugrunde gelegter Grammatiktheorie – weitere Einteilungen, die zudem für die verschiedenen Sprachen unterschiedlich ausfallen. Sie sind für unseren Zweck aber entweder zu kompliziert oder nicht allgemein anerkannt. Die klassische Einteilung von Dionysios Trax reicht für unsere Zwecke völlig aus.

Die Definitionen der einzelnen Wortarten fallen recht kompliziert aus und helfen dem Übersetzer nicht viel weiter. Einfacher ist es, die Wortarten kurz zu charakterisieren und anschließend anhand typischer Beispiele zu erklären.

Substantive bezeichnen Personen, Gegenstände oder Sachverhalte. **Verben** bezeichnen Handlungen oder Tätigkeiten (in der Grundschule spricht man daher auch manchmal vom Tunwort). Substantive und Verben bilden stets den Kern einfacher Sätze. Substantive werden dekliniert, d. h. ihre Wortendung wird entsprechend Genus (Geschlecht), Numerus (Zahl) und gegebenenfalls Kasus (Fall) angepasst. Das Spanische kennt nur die Anpassung an Genus und Numerus, das Deutsche darüber hinaus auch die Anpassung an einen der vier Fälle (Nominativ, Genitiv, Dativ und Akkusativ). Verben werden konjungiert, d. h. sie erhalten eine Wortendung, die Person, Tempus (Zeit) und Modus angibt. Da Verben durch die Endung die Handlungen in der Zeit lokalisieren, werden sie in der Schule auch als Zeitwort bezeichnet.

Adjektive beziehen sich immer auf ein Substantiv, während **Adverbien** stets auf ein Verb bezogen sind. Adjektive bezeichnen die *Eigenschaften*, die eine Person, einen Gegenstand oder einen Sachverhalt auszeichnen. Adverbien hingegen geben an, *wie, wann, wo* oder *unter welchen Umständen* eine Handlung oder Tätigkeit vollzogen wird. Die Unterscheidung zwischen Adjektiv und Adverb ist im Deutschen nicht immer leicht. Im Spanischen hingegen wird die Mehrzahl der Adverbien durch Anhängen der Silbe *-mente* an die weibliche Form des Adjektivs gebildet (z. B. *rápidamente*). Nur wenige Adverbien enden im Spanischen nicht auf *–mente*, so zum Beispiel *bien* oder *muy*.

Bei den **Artikeln** unterscheidet man den bestimmten Artikel (*der, die das; el, la*) vom unbestimmten Artikel (*einer, eine, ein; un, una*). Sie stehen immer vor einem Substantiv und stimmen mit diesem in Genus, Numerus und ggf. Kasus überein. **Pronomen** ersetzen Substantive: *Er* kann für *der Mann* stehen, *sie* für *die Frau*. Artikel und Pronomen werden nach Genus (Geschlecht) und Numerus (Zahl) – im Deutschen auch nach Kasus (Fall) – gebeugt oder flektiert.

Präpositionen stehen vor Substantiven oder Nominalphrasen. Eine Nominalphrase ist eine Wortgruppe, die in ihrem Kern aus einem Substantiv (oder Pronomen) besteht. Zu diesem Kern können Adjektive und Artikel hinzutreten. Wird eine Nominalphrase durch eine Präposition eingeleitet, spricht man von einer präpositionalen Nominalphrase oder kurz einer Präpositionalphrase. Präpositionen sind unveränderlich und dienen dazu, den Satzkern aus Subjekt und Verb durch weitere Satzglieder zu erweitern.

Konjunktionen sind ebenfalls unveränderlich. Allerdings dienen sie dazu, Gliedsätze miteinander zu verbinden. In der Regel werden Nebensätze durch eine Konjunktion an einen Hauptsatz oder einen anderen Nebensatz angehängt.

Der folgenden Tabelle sind die lateinischen, die deutschen und die spanischen Bezeichnungen der einzelnen Wortarten sowie typische deutsche und spanische Beispiele zu entnehmen.

Lateinische Bezeichnung	**Deutsche Bezeichnung**	**Spanische Bezeichnung**	**Deutsche Beispiele**	**Spanische Beispiele**
Substantiv	Hauptwort	sustantivo	Haus	casa
Verb	Zeitwort	verbo	studieren	trabajar
Adjektiv	Eigenschaftswort	adjetivo	gut, schnell	bueno, rápido
Artikel	Geschlechtswort	artículo	der, die, das	el, la
Pronomen	Fürwort	pronombre	ich, du, er, sie	yo, tú, él, ella
Präposition	Verhältniswort	preposición	für, gegen	para, contra
Adverb	Umstandswort	adverbio	wohl, schnell	bien, rápidamente
Konjunktion	Bindewort	conjunción	und, oder, weil	y, o, porque

1.4.2 Bezeichnung der Satzglieder

Jeder Satz besteht aus mehreren Satzgliedern. Satzglieder nennt man die relativ selbständigen strukturellen Grundelemente oder Bestandteile eines Satzes. Jedem Satzglied kommt innerhalb des Satzes eine bestimmte *Funktion* zu. Anzahl und Funktion der Satzglieder sind von Sprache zu Sprache verschieden (Bußmann [3]2002, 581).

Grundsätzlich ist mit Cartagena und Gauger (1989; I, 441) festzustellen, dass es im Spanischen für die Satzglieder „weder ein gemeinsames Klassifikationsschema noch eine einheitliche Bezeichnung" gibt. Für unsere Zwecke verwende ich eine vereinfachte Klassifikation und greife bei den Bezeichnungen auf die Vorschläge der folgenden Grammatiken zurück: Real Academia (1973), Cartagena und Gauger (1989), Lenz (1973) und Seco (1962). Die folgende Zusammenfassung orientiert sich an der Darstellung von Cartagena und Gauger (1989; I, 440-450).

Der Satz (*oración*) besteht grundsätzlich aus zwei Elementen: dem Subjekt (*sujeto*) und dem Prädikat (*predicado*). Hierbei sagt das Prädikat etwas über das Subjekt aus. Vom Prädikat können weitere Satzglieder (*elementos oracionales*) abhängig sein. Den Kern des Prädikats bildet ein finites Verb, also ein konjungiertes Verb, das durch seine Endung die entsprechende Zeit und Person sowie den Modus anzeigt. Zum Prädikatskern kann in bestimmten Fällen ein sogenanntes Prädikativum[3] hinzutreten. Bei den Prädikativa handelt es sich entweder um ein Satzadjektiv (Peter ist *groß*) oder um einen Gleichsetzungsnominativ (Peter ist *Feuerwehrmann*).

Prädikativa werden häufig mit den direkten Objekten verwechselt. Man kann beide jedoch ganz einfach unterscheiden. Zum einen kommen Prädikativa fast ausschließlich in Verbindung mit den Verben *sein* und *werden* bzw. *ser* und *estar* vor; und zum anderen steht das Prädikativum im Nominativ (wer oder was?), während das direkte Objekt im Akkusativ steht (wen oder was?).

Zu Subjekt und Prädikat können weitere Satzglieder hinzutreten, die man als Objekte (*complementos*) bzw. Bestimmungen (*atributos*) bezeichnet.

In der deutschen Grammatik unterscheiden wir Akkusativobjekt, Dativobjekt und Genitivobjekt - entsprechend dem Fall, in dem das Objekt steht. Hinzu kommen noch die adverbiale Bestimmung, die sich auf das Verb bezieht, und die attributive Bestimmung, die das Subjekt oder ein Objekt näher bestimmt. [4]

Die spanische Grammatik kennt vier *complementos*:

deutsche Bezeichnung	**spanische Bezeichnung**	
	nach Real Academia (1973)	**nach Lenz (1973)**
direktes Objekt	complemento directo	complemento directo
indirektes Objekt	complemento indirecto	complemento indirecto
adverbiale Bestimmung	complemento circunstancial	atributo adverbial
attributive Bestimmung	complemento predicativo	atributo predicativo

Als **direktes Objekt** (*complemento directo*) wird jenes Satzglied bezeichnet, das durch eines der akkusativischen Personalpronomina ersetzt werden und bei der

---

[3] Das Prädikativum wird auch als Prädikativ oder Prädikatsnomen bezeichnet.

[4] Cartagena/Gauger (1989, I, 430) zählen zusätzlich zu Subjekt und Prädikat weitere 9 Satzglieder auf, die sie als Ergänzungen bezeichnen. Wir haben ihr Schema für unsere Zwecke vereinfacht.

Passiv-Transformation als grammatikalisches Subjekt erscheint (Cartagena/Gauger, I, 444). Das direkte Objekt kann ausgedrückt werden durch: (a) ein Substantiv, (b) eine Nominalphrase, (c) eine mit *a* eingeleitete Präpositionalphrase oder (d) ein Personalpronomen (oder Demonstrativpronomen) im Akkusativ (Cartagena/Gauger, I, 444).[5] Jeweils ein Beispiel zu den vier genannten Möglichkeiten (das direkte Objekt ist kursiviert):

(a) Juan escribió *cartas.*
(b) Juan escribió *diversas cartas.*
(c) Juan escribió *a sus padres.*
(d) Juan *las* escribió.

Als **indirektes Objekt** (*complemento indirecto*) wird jenes Satzglied bezeichnet, das durch *a* oder *para* eingeleitet wird und nur durch eines der dativischen Personalpronomina ersetzt werden kann (Cartagena/Gauger, I, 445). Man kann auch sagen, das indirekte Objekt ist ein durch *a* oder *para* eingeleitetes Präpositionalsyntagma.

Das indirekte Objekt kann ausgedrückt werden durch: (a) eine präpositionale Nominalphrase mit der Präposition *a,* (b) eine präpositionale Nominalphrase mit der Präposition *para* oder (c) ein Personalpronomen im „Dativ". Jeweils ein Beispiel zu den drei genannten Möglichkeiten (das indirekte Objekt ist kursiviert):

(a) Juan escribió varias cartas *a sus primos.*
(b) Juan escribió varias cartas *para sus primos.*
(c) Juan *les* escribió varias cartas.

Als **adverbiale Bestimmung** (*complemento circunstancial* oder *atributo adverbial*) wird jenes Satzglied bezeichnet, das die näheren Umstände der Verbalhandlung ausdrückt (Cartagena/Gauger, I, 446f.). Adverbiale Bestimmungen beziehen sich also stets auf ein Verb. Die wichtigsten Umstände sind Zeit, Ort, Richtung sowie Art und Weise. Eine adverbiale Bestimmung kann im Satz erscheinen (a) als Präpositionalphrase mit einer obligatorischen (vom Verb abhängigen) Präposition, (b) als Präpositionalphrase mit einer austauschbaren (vom Verb unabhängigen) Präposition, (c) als Adverb, (d) als Adverbialphrase[6] oder (e) als Nominalphrase. Jeweils ein Beispiel zu den fünf genannten Möglichkeiten (die adverbiale Bestimmung ist kursiviert):

(a) Juan habla *de la situación política.* (von *hablar de*)
(b) Juan vive *en una ciudad pequeña.*
(c) Tardó *poco.*
(d) Tardó *muy poco.*
(e) La reunión duró *todo el día.*

---

5 Cartagena/Gauger führen nur die Personalpronomen an.

6 Adverb und Adverbialphrase haben gemeinsam, dass sie beschreiben, *wie* eine Handlung vollzogen wird. Der Unterschied zwischen ihnen besteht darin, dass das Adverb stets nur ein einziges Wort ist, während die Adverbialphrase aus mehreren Wörtern besteht.

Als **attributive Bestimmung** (*complemento predicativo* oder *atributo predicativo*) wird jenes Satzglied bezeichnet, das durch das Subjekt oder das direkte Objekt gesteuert wird (Cartagena/Gauger, I, 446f.). Sind Numerus und Genus vom Subjekt abhängig, sprechen Cartagena und Gauger von einem *complemento predicativo subjetivo,* sind Numerus und Genus hingegen vom Objekt abhängig, sprechen sie von einem *complemento predicativo objetivo.* Bei der attributiven Bestimmung handelt es sich stets um eine Nominalphrase, die eine Person, eine Sache oder einen Sachverhalt näher bestimmt.

Das *complemento predicativo subjetivo* wird hauptsächlich mit den Kopulaverben *ser* und *estar* verbunden (a), es kann aber auch in Verbindung mit anderen Kopulaverben wie *resultar* oder *parecer* auftreten (b). Es folgen Beispiele für *complementos predicativos subjetivos* (kursiviert):

(a) Pedro es *enfermero.* Juana es *enfermera.* Pedro y Paco son *sevillanos.* Juana y Luisa son *sevillanas.*
(b) Pedro parece *un gran señor.* Juana y Luisa parecen *grandes señoras.* Pedro y Paco parecen *contentos.* Juana y Luisa parecen *contentas.*

Das *complemento predicativo objetivo* kann nur mit intransitiven Verben verbunden werden. Einige Beispiele:

(a) Encuentro *muy simpático* a Pedro. Encuentro *muy simpáticas* a tus hijas.
(b) Le nombraron *secretario del Director.* Las nombraron *secretarias del Director.*

Mit den hier kurz umrissenen sechs Satzgliedern ist es möglich, sich die Struktur jedes einfachen Haupt- oder Nebensatzes zu erschließen. Auch für die Analyse komplexerer Sätze reicht das vorgestellte Instrumentarium aus. Nur sind bei komplexeren Sätzen auch die satzverknüpfenden Elemente wie Konjunktionen, Gerundien und Partizipien mit in Betracht zu ziehen.

1.4.3 Tempus, Modus und Aspekt

Als Übersetzer muss man auch die Verbkategorien Tempus, Modus und Aspekt auseinanderhalten können. Während im Deutschen nur die ersten beiden eine Rolle spielen, ist der *Aspekt* für das spanische Verbalsystem von großer Bedeutung. Insbesondere kommt er im Zusammenhang mit den Verbalperiphrasen zum Tragen.

Der Ausdruck *Tempus* bezieht sich stets auf die Handlung, und zwar in der Form, dass die Handlung in eine zeitliche Relation zum Sprechmoment gestellt wird. Die Handlung wird in ihrer zeitlichen Abfolge zu anderen Handlungen situiert. Daraus ergeben sich Beziehungen der Vorzeitigkeit, der Nachzeitigkeit oder der Gleichzeitigkeit (Carrasco Gutiérrez 1999, 3072).

Mit dem Ausdruck *Modus* wird die Art der Darstellung der psychischen Einstellung des Sprechers zur Handlung oder zum Gesagten allgemein bezeichnet. Man unterscheidet Indikativ *(indicativo),* Konjunktiv *(subjunctivo)* und Imperativ *(imperativo).* Der Modus bezieht sich immer auf den Sprecher, nicht auf die Handlung.

Der Ausdruck *Aspekt* bezieht sich schließlich darauf, wie sich eine Handlung in der Zeit (ohne Bezug zum Sprechzeitpunkt oder zu anderen Handlungen) entwickelt. Darüber hinaus zeigt der Aspekt, in welcher Weise eine Handlung auftritt, und gibt Auskunft über das Stadium, in dem sich die Handlung befindet, und über ihre Entwicklung über einen bestimmten Zeitraum hinweg (de Miguel 1999, 2979).

1.5 Hilfreiche Nachschlagewerke

Wir sagten bereits, dass zur Professionalität eines Übersetzers die Beherrschung der Fachsprache gehört. Wer in der Schule keinen Grammatikunterricht genießen durfte oder das dort Gelernte wieder verlernt hat oder nur bruchstückhaft erinnert, sollte sich die grammatischen Fachbegriffe wieder aneignen. Die folgenden Werke können dabei helfen:

a) Linguistische Wörterbücher:

- Bußmann, Hadumod (³2002): Lexikon der Sprachwissenschaft. Stuttgart: Kröner.
- Homberger, Dietrich (2003): Sachwörterbuch zur Sprachwissenschaft. Stuttgart: Reclam.
- Lewandowski, Theodor (1990): Linguistisches Wörterbuch. Heidelberg: Quelle & Meyer.

b) Grammatiken:

- Cartagena, Nelson / Gauger, Hans-Martin (1989): Vergleichende Grammatik Spanisch-Deutsch, Teil 1 und 2. Mannheim: Duden-Verlag.
- De Bruyne, Jacques (2002): Spanische Grammatik. Tübingen: Niemeyer.
- Görrissen, Margarita (2006): Praxis-Grammatik Spanisch. Stuttgart: Pons.
- Moriena, Claudia / Genschow, Karen (2004): Große Lerngrammatik Spanisch. München: Hueber.
- Rodríguez, Teresita (1996): Standardgrammatik Spanisch. München: Langenscheidt.
- Süß, Kurt / Pérez, Petronilo / Ruipérez, Germán (2003): Lerngrammatik Spanisch. Frankfurt: Diesterweg.
- van Bommel, Antoon / van Esch, Kees / Hallebeek, Jos (2002): Estudiando español - Grundgrammatik. Stuttgart: Klett.

c) Stilistiken:

- Nord, Christiane (2003): Kommunikativ handeln auf Spanisch und auf Deutsch - ein übersetzungsorientierter funktionaler Sprach- und Stilvergleich. Wilhelmsfeld: Egert.

Die aufgeführten Nachschlagewerke können auch herangezogen werden, um sich diejenigen grammatikalischen Bezeichnungen zu erarbeiten, die in diesem Arbeitsbuch zwar verwendet, aber in dieser Einleitung nicht erklärt wurden (wie zum Beispiel Genus, Numerus, Kasus, Tempus und Modus).

2 Das spanische Gerundium

Das Gerundium gibt es in einer einfachen Form (*gerundio simple*: *cantando*) und in einer zusammengesetzten Form (*gerundio compuesto: habiendo cantado*).

Das *gerundio simple* drückt aus, dass eine Handlung zum Sprechzeitpunkt im Gange oder noch nicht abgeschlossen ist. Außerdem kann die Handlung keiner bestimmten Zeitstufe (Vergangenheit, Gegenwart, Zukunft) zugeordnet werden. Die Grammatiker sagen dazu, das *gerundio simple* drücke imperfektiven Aspekt aus und sei atemporal. Es drückt also keine eigene Zeit aus, sondern den zuständlichen Umstand, dass eine Handlung vor sich geht, ging oder gehen wird. (Cartegena/Gauger 1989, 450).

Das *gerundio compuesto* drückt aus, dass eine Handlung zum Sprechzeitpunkt zwar schon vergangen ist, aber während des Zeitraums, über den berichtet wird, noch im Gange oder noch nicht abgeschlossen war. Der Unterschied zwischen *vergangen* und *abgeschlossen* ist für die spanische Grammatik äußerst wichtig. Mittels des *gerundio compuesto* kann der Sprecher mit seinen Zuhörern gleichsam eine Zeitreise unternehmen und ihnen eine Handlung zeigen, die damals noch im Gange war.

Das spanische Gerundium stellt angehende Übersetzer immer wieder vor große Probleme. Es gibt zwar im Deutschen formallinguistisch gesehen ähnliche Formen (*singend*, *gesungen habend*), sie werden aber viel seltener und in gänzlich anderer Weise verwendet als im Spanischen. Dies bedeutet, dass das spanische *gerundio* in der Regel nicht mit dem deutschen Gerundium übersetzt werden kann. Welche Möglichkeiten hat der Übersetzer, sich diesem Problem erfolgreich zu stellen?

Diese Frage kann der Übersetzer nur beantworten, wenn er gelernt hat, die verschiedenen Funktionen des *gerundio (simple* und *compuesto*) zu unterscheiden. Dazu muss er sie benennen können. Die grammatikalischen bzw. sprachwissenschaftlichen Ausdrücke helfen uns dabei, die verschiedenen Funktionen zu bezeichnen und auseinander zu halten. Dies ist wichtig, weil je nach Funktion eine andere Übersetzungsstrategie zu wählen ist.

Zunächst sind drei Verwendungsweisen des *gerundio* zu unterscheiden:

1. Das *gerundio* kann als Verlaufsform in Verbindung mit einem finiten Verb auftreten. In der Verbindung *estar* + *gerundio* hat die Verlaufsform den Status eines eigenständigen Tempus.
2. Das *gerundio* kann einen Hauptsatz ersetzen.
3. Das *gerundio* kann als Ersatz für einen adverbialen Nebensatz dienen.

2.1 Verlaufsform

Die Verlaufsform (*estar* + *gerundio*) ist eine Verbalperiphase, die ausdrückt, dass ein Sachverhalt gerade eben stattfindet (oder stattfand). Für die Verlaufsform gibt es verschiedene Standardlösungen.

Eine Möglichkeit besteht darin, auf den in der Verlaufsform ausgedrückten Aspekt, dass die Handlung gerade vor sich geht (oder ging), in der Übersetzung zu verzichten und im Deutschen nur ein Präsens oder Präteritum zu setzen (siehe 2.1.1a). Diese Möglichkeit ist zu bevorzugen, wenn es auf den Verlaufsaspekt nicht ankommt oder der Verzicht zu einer idiomatischeren Lösung führt.

Eine zweite Möglichkeit ist, den Verlaufsaspekt nur durch Adverbien wie *gerade* oder *dabei* wiederzugeben (siehe 2.1.1b).

Eine dritte Möglichkeit besteht darin, die Wendung *(gerade) dabei sein, etwas zu tun* als Übersetzung zu verwenden. In diesem Fall wird eine Gerundialkonstruktion (*haciendo*) durch eine Infinitivkonstruktion (*zu tun*) ersetzt (siehe 2.1.1c).

Beispiele:

2.1.1: Pedro **estaba leyendo** el periódico.
2.1.1a: Pedro **las** die Zeitung.
2.1.1b Pedro **las gerade** die Zeitung.
2.1.1c Pedro **war dabei**, die Zeitung **zu lesen**.
2.1.1d Pedro **war gerade dabei**, die Zeitung **zu lesen**.

2.1.2 Lo dice **sonriéndo**le.
2.1.2a Sie sagt das **und lächelt** ihn an.
2.1.2b Sie sagt das **und lächelt** ihn **dabei** an.

2.1.3 Lo dice **sonriendo**.
2.1.3a Sie sagte es **lächelnd**.
2.1.3b Sie sagte es **mit einem Lächeln**.

Wie das letzte Beispiel 2.1.3 zeigt, kann die Verlaufsform durchaus in einigen Fällen angemessen mit einem Partizip Präsens (*lächelnd*) wiedergegeben werden; sie muss aber nicht immer verbal, also mit einer bestimmten Verbform übersetzt werden. Als Übersetzung – und somit vierte Möglichkeit – kann auch durchaus eine präpositionale Nominalphrase vom Typ *mit einem Lächeln* in Betracht kommen (Satz 2.1.3b).

Teilweise ist die Verlaufsform aber auch mit einer Kombination aus *Verb + Adjektiv* oder mit einer Kombination aus *Verb + Adverb + Adjektiv* wiederzugeben. Dies wäre dann die fünfte Möglichkeit.

Beispiele:

2.1.4 **Está oscureciendo**.
2.1.4a **Es wird dunkel**.
2.1.4b **Es wird langsam dunkel**.
2.1.4c **Es wird allmählich dunkel**.

2.2 Ersatz eines Hauptsatzes

Außer als Bestandteil der Verlaufsform findet sich das *gerundio* vor allem in der Funktion, zwei Sachverhalte miteinander zu verknüpfen, wobei in der Regel der zweite Sachverhalt nicht in einem vollwertigen Hauptsatz ausgesagt, sondern durch eine Gerundialkonstruktion an den ersten Sachverhalt angeschlossen wird.

Die einfachste Möglichkeit eine Gerundialkonstruktion zu übersetzen, die einen Hauptsatz ersetzt, besteht darin, die beiden Sachverhalte mit der Konjunktion *und* zu verbinden. Es werden dann also im Deutschen zwei durch *und* verbundene Hauptsätze gebildet.

Beispiele:

2.2.1 El aeropuerto de Madrid es de gran tráfico, **haciendo** así de esta ciudad un centro de comunicaciones importantes.

2.2.1a Der Madrider Flughafen hat einen regen Verkehr **und macht** aus dieser Stadt ein wichtiges Verkehrszentrum.

2.2.1b Am Madrider Flughafen herrscht reger Verkehr, **und das macht** aus dieser Stadt ein wichtiges Verkehrszentrum.

Auch wenn es die Übersetzung von Gerundialkonstruktionen nur am Rande betrifft, sei auf den Unterschied zwischen Übersetzungslösung 2.2.1a und 2.2.1b eingegangen.

Wie an Beispielsatz 2.2.1a zu erkennen ist, wirken Übersetzungslösungen relativ holprig oder „unrund", wenn sie zweierlei versuchen; nämlich erstens, die Abfolge der deutschen Satzglieder am spanischen Ausgangssatz zu orientieren, und zweitens, das Subjekt und Objekt unverändert zu übernehmen. Beispielsatz 2.2.1a tut genau dies, hält sich also eng an die syntaktische Konstruktion des Ausgangssatzes.

Im Gegensatz dazu weist Beispielsatz 2.2.1b den einzelnen Satzglieder neue syntaktische Rollen zu: Das spanische Subjekt (wer? ➔ *El aeropuerto de Madrid*) wurde im deutschen Zielsatz zu einer adverbialen Bestimmung des Ortes (wo? ➔ *am Madrider Flughafen*) und die attributive Bestimmung des spanischen Ausgangssatzes (*de gran tráfico*) wurde im deutschen Zielsatz zum Subjekt (wer herrscht? ➔ *reger Verkehr*). Diese Umstellung erfordert natürlich auch eine Änderung des Verbs (*ser* vs. *herrschen*).

Eine zweite Möglichkeit, hauptsatzersetzende Gerundialkonstruktionen wiederzugeben, besteht darin, sachverhaltsbezogene Konjunktionen wie *dadurch* oder *somit* zu verwenden.

2.2.2 La estudiante estuvo muchas veces en el extranjero, **pudiendo** perfeccionar así sus conocimientos de los diferentes idiomas.

2.2.2a Die Studentin war oft im Ausland, **dadurch konnte** sie ihre Sprachkenntnisse verbessern.

2.2.2b Die Studentin war oft im Ausland **und konnte** so ihre Sprachkenntnisse verbessern.

2.2.3 España es hoy uno de los países que editan el mayor número de libros por año, **conservándo**se así la tradición.

2.2.3a Spanien gehört heute zu den Ländern, die die meisten Bücher pro Jahr veröffentlichen, **und behält somit** seine Tradition **bei**.

2.2.3b Spanien gehört heute zu den Ländern, die die meisten Bücher pro Jahr veröffentlichen. Es **behält also** seine Tradition **bei**.

Satz 2.2.3b zeigt, dass hauptsatzersetzende Gerundialkonstruktionen im Deutschen auch durch einen Hauptsatz wiedergegeben werden können.

Eine dritte Möglichkeit, hauptsatzersetzende Gerundialkonstruktionen wiederzugeben, besteht darin, andere - vorzugsweise kausale - Konjunktionen wie *denn* oder Fragewörter als Relativpronomen (*wo*) zu verwenden.

2.2.4 Visitaremos el Parque Cinegético, **contemplando** especies de caza en régimen de semilibertad.

2.2.4a Wir besuchen den Wildpark, **wo** wir fast in Freiheit lebende Wildarten **beobachten können**.

2.2.4b Wir besuchen den Wildpark, **wo** wir Wildarten **beobachten können**, die wie in Freiheit leben.

2.2.4c Wir besuchen den Wildpark, **und dort können** wir Wildarten **beobachten**, die wie in Freiheit leben.

2.2.4d Wir besuchen den Wildpark, **denn dort können** wir Wildarten **beobachten**, die wie in Freiheit leben.

2.3 Ersatz adverbialer Nebensätze

Die dritte Verwendungsmöglichkeit des *gerundio* besteht darin, einen Gerundialsatz anstatt eines adverbialen Nebensatzes zu verwenden. Bei den Gerundialsätzen, die adverbiale Nebensätze ersetzen, unterscheidet man Konstruktionen mit kausaler, modaler, temporaler, konditionaler und konzessiver Bedeutung.

Es folgen Beispiele für die verschiedenen abverbialen Nebensatzkonstruktionen.

2.3.1 Kausale Gerundialsätze

Kausale Gerundialsätze werden verwendet, um einen Grund oder eine Begründung für eine Handlung oder einen Sachverhalt anzugeben. Eine Standardlösung für die Übersetzung kausaler Gerundialsätze besteht in der Verwendung von kausalen Konjunktionen wie *da, weil* und *denn*.

2.3.1.1 **Pensando** en los posibles riesgos no hizo aquella inversión.

2.3.1.1a **Da** er an die möglichen Risiken dachte, tätigte er jene[1] Investition nicht.

---

[1] Ob die spanischen Demonstrativpronomen *este, ese* und *aquel* im Deutschen mit *der, dieser* oder *jener* wiedergegeben werden, richtet sich in der Regel nicht nach dem Ausgangstext,

2.3.1.1b **Da** er an die möglichen Risiken dachte, tätigte er die Investition nicht.
2.3.1.1c Er tätigte diese Investition nicht, **weil** er an die möglichen Risiken dachte.

2.3.1.2 No **pudiendo** llegar a un acuerdo los presentes, la sesión se aplazó.
2.3.1.2a **Da** die Anwesenden sich nicht einigen konnten, wurde die Sitzung verschoben.
2.3.1.2b Die Sitzung wurde verschoben, **denn** die Anwesenden konnten sich nicht einigen.

2.3.2 Modale Gerundialsätze

Modale Gerundialsätze werden verwendet, um die Art und Weise anzugeben, in der eine Handlung ausgeführt wird. Eine Standardlösung für die Übersetzung modaler Gerundialsätze besteht in der Verwendung der Konjunktion *indem*.

2.3.2.1 Carlos ayudó a sus compañeros **repasando** toda la gramática con ellos.
2.3.2.1a Carlos half seinen Kommilitonen, **indem** er die ganze Grammatik mit ihnen wiederholte.

2.3.2.2 María intentó dominar la discusión **queriendo** hacer valer los puntos de vista de los demás.
2.3.2.2a Maria versuchte die Diskussion zu meistern, **indem** sie die Gesichtspunkte der anderen gelten lassen wollte.

2.3.3 Temporale Gerundialsätze

Temporale Gerundialsätze werden verwendet, um das zeitliche Verhältnis zweier Handlungen zueinander anzugeben. Im Unterschied zu den Infinitivsätzen drückt das *gerundio* stets die Gleichzeitigkeit beider Handlungen aus. Eine Standardlösung für die Übersetzung temporaler Gerundialsätze besteht in der Verwendung temporaler Konjunktionen wie *als, während, nachdem* oder *wenn.*

2.3.3.1 **Habiendo** entrado el jefe, todos se pusieron a trabajar.
2.3.3.1a **Nachdem** der Chef eingetreten war, begannen alle zu arbeiten.
2.3.3.1b **Als** der Chef eintrat, begannen alle zu arbeiten.

Natürlich sind die Sätze 2.3.3.1a und 2.3.3.1b im strengen Sinne nicht gleichbedeutend. Sie unterscheiden sich durch eine entscheidende Nuance. Die Frage für den Übersetzer lautet, ob diese Nuance in einem gegebenen Kontext entscheidend oder vernachlässigbar ist.

---

sondern nach den Verwendungsregeln für die deutschen Demonstrativpronomen und nach dem jeweiligen Kontext des deutschen Zieltextes.

2.3.3.2 **Despidiéndo**se de todos con un gesto amable, se metió en el coche.
2.3.3.2a **Während** er sich mit einer freundlichen Geste von allen verabschiedete, stieg er in den Wagen.

Eine weitere Möglichkeit der Übersetzung temporaler Gerundialsätze besteht in der Verwendung der temporalen Konjunktion *wenn*. Abschließend ist auch die Verwendung des substantivierten Infinitivs mit entsprechender Präposition (*am*, *beim*) als in vielen Fällen gangbare Lösung zu nennen.

2.3.3.3 Me siento cómoda **escribiendo** ese tipo de novelas.
2.3.3.3a Ich fühle mich gut, **wenn** ich diese Art Roman **schreibe**.
2.3.3.3b Ich fühle mich gut **beim Schreiben** dieser Art Romane.

Man beachte, dass das Substantiv *Roman* in diesem Satz sowohl in den Singular (2.3.3.3a) als auch in den Plural (2.3.3.3b) gesetzt werden kann. Beide Varianten finden sich im heutigen Deutsch. Sprachpuristen neigen in solchen Fällen zum Singular.

2.3.4 Konditionale Gerundialsätze

Konditionale Gerundialsätze werden verwendet, um eine Bedingung für eine Handlung oder einen Sachverhalt anzugeben. Eine Standardlösung für die Übersetzung konditionaler Gerundialsätze besteht in der Verwendung der konditionalen Konjunktionen *wenn* oder *falls*.

2.3.4.1 **Estando** él en casa, no pasará nada.
2.3.4.1a **Wenn** er zu Hause ist, wird nichts passieren.
2.3.4.1b **Falls** er zu Hause ist, wird nichts passieren.

In bestimmten Fällen kann die konditionale Konjunktion wegfallen. Dann ist die Stellung von Subjekt und Prädikat umzukehren:

2.3.4.1c **Ist** er zu Hause, wird nichts passieren.

2.3.5 Konzessive Gerundialsätze

Konzessive Gerundialsätze werden verwendet, um eine Einschränkung für eine Handlung oder einen Sachverhalt anzugeben. Eine Standardlösung für die Übersetzung konzessiver Gerundialsätze besteht in der Verwendung konzessiver Konjunktionen wie *obwohl* oder *obgleich*.

2.3.5.1 Aun **teniendo** muchos amigos, está a menudo muy solo.
2.3.5.1a **Obwohl** er viele Freunde hat, ist er oft sehr einsam.
2.3.5.1b **Obgleich** er viele Freunde hat, ist er oft sehr einsam.

2.4 Zusammenfassung der Gerundialkonstruktionen

Das in den vorigen Unterkapiteln Gesagte lässt sich in einer Tabelle wie folgt zusammenfassen:

Verlaufsform	**statt Hauptsatz**	**statt adverbialem Nebensatz**	
a) Indikativ	a) und	a) kausal:	weil, da, denn
b) gerade + Indikativ	b) und so; und das	b) modal:	indem
c) gerade dabei sein zu + Infinitiv	c) somit	c) temporal:	während, als, nachdem, wenn
d) und dabei + Indikativ	d) dadurch	d) konditional:	falls, wenn
e) Partizip I	e) also	e) konzessiv:	obwohl, obgleich
f) Präpositionale Nominalphrase	f) denn		
g) werden + Adjektiv; werden + Adverb + Adjektiv	g) Relativsatz		

2.5 Übungen zu den Gerundialkonstruktionen

Nachfolgend finden Sie einige Sätze, die eine Gerundialkonstruktion enthalten. Bevor Sie sich daran machen, diese Sätze ins Deutsche zu übersetzen, sollten Sie bestimmen, ob es sich bei der Gerundialkonstruktion um eine Verlaufsform, einen Ersatz für einen Hauptsatz oder um den Ersatz eines adverbialen Nebensatzes handelt. Im letzteren Fall sollten Sie auch bestimmen, ob die Konstruktion eine kausale, modale, temporale, konditionale oder konzessive Bedeutung hat. Diese Bestimmungen sollten Sie in die Spalte *Art* eintragen.

Der Übersetzung sollte immer eine syntaktische Analyse des Ausgangssatzes vorausgehen. Diese umfasst die Bestimmung des Hauptsatzes und der verschiedenen Nebensätze. Die einfachen Übungssätze in 2.5.2 bestehen aus einem Hauptsatz und einer Gerundialkonstruktion als Nebensatz. In einigen Fällen kommt ein Relativsatz als zweiter Nebensatz hinzu. Die komplexen Übungssätze in 2.5.3 umfassen zwei und mehr Nebensatzkonstruktionen.

Die Analyse der verschiedenen Teilsätze und Satzglieder sowie die Bestimmung ihrer jeweiligen Funktion im Satzzusammenhang bezeichnet man als *übersetzungsrelevante Satzanalyse*. Sie ist eine sinnvolle Vorbreitung für die anschließende Übersetzung. Sie zeigt auch, ob man den Ausgangssatz wirklich – und nicht nur im Großen und Ganzen – verstanden hat.

2.5.1 Übersetzungsrelevante Satzanalyse

Im Folgenden soll beispielhaft eine übersetzungsrelevante Satzanalyse für einen einfachen und einen komplexen Übungssatz vorgenommen werden. Wir greifen dazu die Sätze 2.5.2.1 und 2.5.3.1 heraus. Die übersetzungsrelevante Satzanalyse besteht aus zwei Teilen, zum einen einer *formalen Satzanalyse* und zum anderen einer *funktionalen Satzanalyse*.

Die **formale Satzanalyse** beginnt mit der Bestimmung des Hauptsatzes. Anschließend werden dessen Subjekt und Prädikat und – sofern vorhanden – Anzahl und Art der Objekte und adverbialen Bestimmungen ermittelt. Danach geht es daran festzustellen, ob und welche Nebensätze vorliegen. Schließlich werden auch bei den Nebensätzen – soweit vorhanden – Subjekt, Prädikat und Objekt benannt.

Für Satz 2.5.2.1 sieht das Ergebnis der formalen Satzanalyse wie folgt aus:

Der Hauptsatz ist: *la secretaria nos dijo*. Er besteht aus drei Satzgliedern. Das Subjekt des Haupsatzes ist: *la secretaria*. Das Prädikat des Haupsatzes ist: *dijo*. Das Pronomen *nos* fungiert als indirektes Objekt des Hauptsatzes. An den Hauptsatz sind zwei Nebensätze angeschlossen.

Der erste Nebensatz besteht aus einer temporalen Gerundialkonstruktion: *Entrando en la sala*. Das Gerundium *entrando* ist das Prädikat des Nebensatzes. Das Subjekt des Nebensatzes ist nicht explizit versprachlicht, sondern ist nur über den Umstand zu erschließen, dass der gerundiale Nebensatz dasselbe Subjekt haben muss wie der Hauptsatz, in diesem Fall also *la secretaria*. Ist das Subjekt nicht versprachlicht, so spricht man von einem impliziten Subjekt. Der gerundiale Nebensatz enthält die adverbiale Bestimmung *en la sala*.

Der zweite Nebensatz ist: *que hoy no había clase*. Das Subjekt des Nebensatzes ist: *clase*. Das Prädikat ist: *no había*. Der Nebensatz enthält mit *hoy* noch eine adverbiale Bestimmung der Zeit.

Wenn man *hay* (*había*) mit *es gibt* (*es gab*) übersetzt, ist zu beachten, dass sich dann die syntaktische Konstruktion ändert. Im Deutschen fungiert *es* als Subjekt. Wenn man *clase* mit *Unterricht* wiedergibt, dann ist sozusagen das Subjekt des spanischen Satzes (*clase*) zum (Akkusativ-)Objekt des deutschen Satzes geworden.

Mit der **funktionalen Satzanalyse** werden die verschiedenen Funktionen der Teilsätze und Satzglieder bestimmt. Dies geschieht am besten durch die Beantwortung zielführender Fragen: Wer vollzieht eine Handlung? Welche Handlung wird vollzogen? Wo wird sie vollzogen? Wie wird sie vollzogen? Für jeden Teilsatz und jedes Satzglied lässt sich eine solche Frage formulieren.

Für Satz 2.5.2.1 sieht das Ergebnis der funktionalen Satzanalyse wie folgt aus:

Wer vollzog die Handlung? *La secretaria*. Welche Handlung wurde vollzogen? *Decir*. Wem wurde etwas gesagt? *Nos*.

Im gerundialen Nebensatz wird die Frage beantwortet, *wann* die Sekretärin uns etwas gesagt hat: *Entrando en la sala*. Und im zweiten Nebensatz wird die Frage beantwortet, *was* die Sekretärin uns gesagt hat: *que hoy no había clase*.

Die funktionale Satzanalyse der beiden Nebensätze kann man natürlich auch auf deren Satzglieder ausdehnen. Das Gerundium *entrando* hat mehrere Funktionen. Erstens gibt es als Prädikat des Nebensatzes an, welche Handlung vollzogen wird: Es kommt jemand herein. Zweitens gibt es an, dass die Handlung des Hereinkommens (*entrar*) gleichzeitig zur Handlung des Sagens (*decir*) vollzogen wurde. Drittens gibt es an, dass es sich um dasselbe Subjekt wie im Hauptsatz handelt: Die Sekretärin kommt herein. Viertens sorgt das Gerundium für den Satzanschluss zwischen Hauptsatz und Nebensatz; es fungiert also sozusagen als Bindewort (Konjunktion). Die adverbiale Bestimmung *en la sala* beantwortet die Frage, welchen Ort die Sekretärin betritt.

Im zweiten Nebensatz hat die Konjunktion *que* die Funktion den Nebensatz an den Hauptsatz anzuschließen. Das Adverb *hoy* beantwortet die Frage, wann der Unterricht ausfällt.

Aus der übersetzungsrelevanten Satzanalyse ergeben sich für Satz 2.5.2.1 die folgenden Übersetzungslösungen:

2.5.2.1 Entrando en la sala, la secretaria nos dijo que hoy no había clase.
2.5.2.1a Als sie das Klassenzimmer betrat, sagte uns die Sekretärin, dass heute der Unterricht ausfalle.
*2.5.2.1b Als sie das Klassenzimmer betrat, sagte uns die Sekretärin, dass heute der Unterricht ausfiele.
2.5.2.1c Als sie das Klassenzimmer betrat, sagte uns die Sekretärin, dass heute der Unterricht ausfällt.
2.5.2.1d Als die Sekretärin das Klassenzimmer betrat, sagte sie uns, dass der Unterricht heute ausfällt.

Temporale Gerundialkonstruktionen können im Deutschen auch mit einem substantivierten Verb wiedergegeben werden. Auch eine Lösung mit der Konjunktion *und* ist in der Regel möglich.

2.5.2.1e Beim Betreten des Klassenzimmers sagte uns die Sekretärin, dass heute der Unterricht ausfalle.
2.5.2.1f Beim Betreten des Klassenzimmers sagte uns die Sekretärin, dass heute der Unterricht ausfällt.
2.5.2.1g Die Sekretärin betrat das Klassenzimmer und sagte uns, dass der Unterricht heute ausfalle.
2.5.2.1h Die Sekretärin betrat das Klassenzimmer und sagte uns, dass der Unterricht heute ausfällt.

Ob im deutschen Zieltext das Verb *ausfallen* ins Indikativ Präsens oder in den Konjunktiv I gesetzt wird, hängt von der Textsorte und dem entsprechend zu wählenden Stil ab. Soll markiert werden, dass es sich bei dem Nebensatz um eine indirekte Rede handelt, muss der Konjunktiv I gewählt werden. Soll hingegen nur berichtet werden, was die Sekretärin gesagt hat, ist das Indikativ Präsens vorzuziehen. In der gesprochenen Sprache und in den Textsorten der Alltagskommunikationen, also jenen Textsorten, die der gesprochenen Sprache nahestehen, wird das Indikativ Präsens bevorzugt.

Das Sternchen vor Satz 2.5.2.1b soll andeuten, dass dieser Satz nicht der deutschen Grammatik entspricht, wie sie im Duden (2005, 451f.) festgelegt ist. In der indirekten Rede wird im Deutschen stets der Konjunktiv I verwendet; und zwar unabhängig davon, ob im einleitenden Satz das Verb des Sagens und Denkens sich auf die Gegenwart oder auf die Vergangenheit bezieht. Es heißt also z. B.:

a) Frank *sagt*, dass er krank *sei*.
b) Frank *sagte*, dass er krank *sei*.

Nur wenn die Form des Konjunktiv I nicht eindeutig als solche zu erkennen ist, weil sie mit der Präsensform des Indikativs identisch ist, sollte in der indirekten Rede der Konjunktiv II verwendet werden. Dies ist häufig beim Hilfsverb *haben* der Fall:

a) Er *sagte*, er *habe* Zeit.
b) Ich *sagte*, ich *hätte* Zeit.

Es sei daran erinnert, dass die Gerundialkonstruktion als temporal eingestuft wurde. Das hat für die Übersetzung zur Folge, dass folgende Übersetzungsvorschläge als unangemessen nicht in Frage kommen:

*2.5.2.1h *Weil* sie das Klassenzimmer betrat, ... (kausal)
*2.5.2.1i *Wenn* sie das Klassenzimmer betrat, ... (konditional)
*2.5.2.1k *Indem* sie das Klassenzimmer betrat, ... (modal)
*2.5.2.1l *Obwohl* sie das Klassenzimmer betrat, ... (konzessiv)

Für den komplexen Übungssatz 2.5.3.1 sieht das Ergebnis der **formalen Satzanalyse** wie folgt aus:

Der Hauptsatz ist: *optó*. Er besteht aus dem Prädikat als einzigem Satzglied. Das Subjekt des Haupsatzes ist nicht versprachlicht, es kann nur aus der Verbendung erschlossen werden: *3. Person Singular*. Dabei bleibt unbestimmt, ob wir es mit einer männlichen oder weiblichen Person zu tun haben und ob es sich überhaupt im alltagssprachlichen Sinne um eine Person und nicht vielleicht um einen Gegenstand wie einen Computer oder Roboter handelt. An den Hauptsatz sind drei Nebensätze angeschlossen.

Der erste Nebensatz ist eine von *optó* abhängige Infinitivkonstruktion: *por encaminarse a la camioneta*. Das Prädikat des Nebensatzes ist *encaminarse*. Bei *a la camioneta* handelt es sich um ein indirektes Objekt. Das Subjekt ist nicht versprachlicht. Es ist aus dem Umstand zu erschließen, dass das Subjekt des Nebensatzes mit dem Subjekt des Hauptsatzes identisch sein muss, denn andernfalls dürfte diese Konstruktion nicht verwendet werden.

Der zweite Nebensatz ist eine modale Gerundialkonstruktion: *saltando a la parte posterior*. Das Gerundium gibt eine Antwort auf die Frage, *wie* die Handlung des vorangehenden Nebensatzes (*encaminarse*) ausgeführt wird. Auch hier ist das

Subjekt nicht versprachlicht, da es mit dem Subjekt des Hauptsatzes identisch ist. Bei *a la parte posterior* handelt es sich um ein indirektes Objekt.

Der dritte Nebensatz ist eine Infinitivkonstruktion: *para ir a caer junto a unas cabras y la jaula de conejos*. Zu beachten ist, dass es sich bei *ir a caer* um eine Verbalperiphrase handelt, bei der nicht die Handlung (das Fallen an sich), sondern der zur Handlung führende Vorsatz (sich fallen zu lassen) im Fokus steht. Bei *junto a unas cabras y la jaula de conejos* handelt es sich um eine adverbiale Bestimmung.

Für Satz 2.5.3.1 sieht das Ergebnis der funktionalen Satzanalyse wie folgt aus:

Welche Handlung wurde vollzogen? *Optar*. Wofür entschied sich das implizite Subjekt des Hauptsatzes? Es entschied sich dafür, sich dem Lastwagen zu nähern: *por encaminarse a la camioneta*. Für welche Handlung entschied sich das Subjekt: *encaminarse*. Wem oder was näherte sich das Subjekt: *a la camioneta*. Die Funktion der Präposition *por* besteht darin, die Infinitivkonstruktion an das Verb des Hauptsatzes anzuschließen.

Der gerundiale Nebensatz beantwortet die Frage, wie das Subjekt die mit *encaminarse* bezeichnete Handlung ausführt: *saltando a la parte posterior*. Das Gerundium hat also erstens die Funktion, für den Satzanschluss zu sorgen; zweitens zu erklären, wie die Annäherung an den Lastwagen erfolgte bzw. mit welchem Verb die Handlung genauer zu bezeichnen ist; und drittens sagt das Gerundium aus, dass es sich immer noch um dasselbe Subjekt handelt. Wohin sprang das Subjekt: *a la parte posterior*.

Im folgenden Nebensatz mit der Infinitivkonstruktion (*para ir a caer junto a unas cabras y la jaula de conejos*) hat die Präposition *para* die Funktion für den Satzanschluss zu sorgen und gibt den Zweck oder das Ziel der vorhergehenden Handlung an: wofür oder wozu ist er gesprungen? Das Prädikat *ir a caer* gibt genau diese Zielhandlung an. Wohin ist er gefallen? Er fiel neben die Ladung, die aus einigen Ziegen und Kaninchen bestand.

2.5.3.1 Optó por encaminarse a la camioneta saltando a la parte posterior para ir a caer junto a unas cabras y la jaula de conejos.

2.5.3.1a Er beschloss, sich dem Lastwagen zu nähern, indem er hinten aufsprang, um sich neben ein paar Ziegen und einem Käfig mit Kaninchen fallen zu lassen.

2.5.3.1b Er beschloss, sich dem Lastwagen zu nähern, indem er auf die Ladefläche sprang und neben ein paar Ziegen und einem Käfig mit Kaninchen zu liegen kam.

2.5.3.1c Er beschloss, sich dem Lastwagen zu nähern und auf die Ladefläche zu springen, um sich neben ein paar Ziegen und einem Käfig mit Kaninchen fallen zu lassen.

Die Gerundialkonstruktion haben wir als modal eingestuft. Daraus folgt, dass folgende Übersetzungsvorschläge nicht in Frage kommen:

*2.5.3.1d Er beschloss, sich dem Lastwagen zu nähern, *weil* er auf die Ladefläche sprang, ... (kausal)
*2.5.3.1e Er beschloss, sich dem Lastwagen zu nähern, *weil* er auf die Ladefläche springen wollte, ... (kausal)
*2.5.3.1f Er beschloss, sich dem Lastwagen zu nähern, *als* er auf die Ladefläche sprang, ... (temporal)
*2.5.3.1g Er beschloss, sich dem Lastwagen zu nähern, *obwohl* er auf die Ladefläche springen wollte, ... (kausal)

Es dürfte offensichtlich sein, dass die Sätze 2.5.3.1d, 2.5.3.1f und 2.5.3.1g widersinnig sind. Nur Satz 2.5.3.1e ergibt im Deutschen einen Sinn; aber es ist ein anderer Sinn als beim ursprünglichen spanischen Satz. Die Gerundialkonstruktion des spanischen Satzes will gerade keine Begründung für die zuvor bezeichnete Handlung angeben. Es mag in seltenen Fällen Texte geben, bei denen ein Wechsel von der modalen zur kausalen Perspektive sinnvoll ist; in der Regel - und das heißt: ohne einen venünftigen und nachvollziehbaren Grund - ist solch ein Wechsel aber nicht zu rechtfertigen.

Natürlich könnte man die formale und funktionale Satzanalyse noch viel genauer vornehmen. Für die Zwecke einer übersetzungsrelevanten Satzanalyse reicht dies aber aus. Der Übersetzer muss nicht nur die *Bedeutung* der Wörter kennen, sondern sich auch der *Funktion* der einzelnen Teilsätze und Satzglieder vergewissern. Oftmals liegt der Schlüssel für eine gute Übersetzung nicht in der Bedeutung der Wörter, sondern in deren Funktion für das Satzganze.

2.5.2 Einfache Übungssätze zu den Gerundialkonstruktionen

Gehen Sie bei der Übersetzung der nachfolgenden einfachen Übungssätze bitte wie folgt vor: (1) Führen Sie als erstes eine übersetzungsrelevante Satzanalyse durch. (2) Bestimmen Sie die Art der Gerundialkonstruktion und tragen Sie sie in die Spalte *Art* ein. (3) Schlagen Sie im entsprechenden Unterkapitel nach, welche Lösungsmöglichkeiten für die jeweilige Art der Gerundialkonstruktion angegeben sind. (4) Versuchen Sie für jeden der nachfolgenden Übungssätze, mehrere, syntaktisch verschiedene Übersetzungen zu erstellen. (5) Nehmen Sie eine stilistische Bewertung der verschiedenen von Ihnen angefertigten Übersetzungen vor.

Nr.	Übungssatz	Art
2.5.2.1	Entrando en la sala, la secretaria nos dijo que hoy no había clase.	
2.5.2.2	Adelgazó cinco kilos corriendo todos los días por el bosque.	
2.5.2.3	Contemplaba las fotos recordando los buenos tiempos pasados.	
2.5.2.4	Aun doliéndolo mucho la pierna, fue a casa andando.	

2.5.2.5	Habiendo dado la bienvenida a los invitados, el proprietario les mostró toda la casa.	
2.5.2.6	Habiéndole esperado dos horas, nos llamó diciendo que no podía venir.	
2.5.2.7	La madre, oyendo que el niño lloraba, entró en el cuarto para ver lo que le había pasado.	
2.5.2.8	Hoy, paseando, nos encontramos con nuestros amigos.	
2.5.2.9	Leyendo este libro, aprenderás cosas muy interesantes.	
2.5.2.10	La madre hace un pastel explicando a su hija lo que tiene que tener en cuenta para aprender a hacerlo ella también.	
2.5.2.11	Aun diciéndolo tú, no tiene que ser la verdad.	
2.5.2.12	Mataba el tiempo componiendo versos cursis.	
2.5.2.13	Estudiando tu hermano, no se oye en la casa ningún ruido.	
2.5.2.14	No habiendo regresado sus padres, Pedro no podía salir.	
2.5.2.15	Negándose los patrones a mejorar las condiciones de trabajo, los obreros comenzaron una huelga.	
2.5.2.16	Se puso a cortar el césped olvidándose de que tenía una cita.	
2.5.2.17	Le sorprendió la muerte durmiendo.	
2.5.2.18	Se fue a casa, no pudiendo esperar más tiempo a su amigo.	
2.5.2.19	Llorando, Arnau corrió contracorriente tropezando con el gentío.	
2.5.2.20	Los castellanos iban a América para enriquecerse, oprimiendo y matando a quien hiciera falta.	
2.5.2.21	Los Festivales del flamenco son espectáculos nocturnos al aire libre aprovechando la bonanza del clima.	
2.5.2.22	Horas antes había estado, como un pequeño tallista en un rincón de su estudio, rematando los últimos detalles.	
2.5.2.23	Volviendo a tu disco, ¿lo grabaste en Jérez?	
2.5.2.24	Bebió despacio, esforzándose por luchar contra la acuciante sed.	
2.5.2.25	Cruzó una ambulancia atronando la calle con su sirena.	

2.5.2.26	Rafael Andújar le rinde homenaje a Paco de Lucía interpretando su música con el mayor cariño y respeto.	
2.5.2.27	Y acabaste por pintar tus propias fotografías, consiguiendo combinar las dos disciplinas en la misma obra.	
2.5.2.28	Tomó el teléfono y marcó un número aguardando a que le contestaran al otro lado.	
2.5.2.29	Una serpiente se alzó amenazadora haciendo sonar sus cascabeles.	
2.5.2.30	Ali Bahar continuaba tumbado en el mismo punto del desierto de Nevada meditando sobre su triste destino.	

2.5.3 Komplexe Übungssätze zu den Gerundialkonstruktionen

Gehen Sie bei der Übersetzung der nachfolgenden komplexen Übungssätze bitte wie folgt vor: (1) Führen Sie als erstes eine übersetzungsrelevante Satzanalyse durch. (2) Bestimmen Sie die Art der Gerundialkonstruktion und tragen Sie sie in die Spalte *Art* ein. (3) Schlagen Sie im entsprechenden Unterkapitel nach, welche Lösungsmöglichkeiten für die jeweilige Art der Gerundialkonstruktion angegeben sind. (4) Versuchen Sie für jeden der nachfolgenden Übungssätze, mehrere, syntaktisch verschiedene Übersetzungen zu erstellen. (5) Nehmen Sie eine stilistische Bewertung der verschiedenen von Ihnen angefertigten Übersetzungen vor.

Nr.	Übungssatz	Art
2.5.3.1	Optó por encaminarse a la camioneta saltando a la parte posterior para ir a caer junto a unas cabras y la jaula de conejos.	
2.5.3.2	Volviendo al rap, ¿crees que se trata de una moda pasajera? – Eso de la moda lo llevo oyendo desde 2000, llevo siete años oyendo lo mismo.	
2.5.3.3	La severa mujer se inclinó hacia delante apoyando ambas manos en la mesa para acabar por inquirir bajando instintivamente la voz: "Avisamos al FBI?"	
2.5.3.4	El paradigma de la abstracción como sentido del Movimiento Moderno estaba comenzando a ser demolido y, con él, el de la primacia de la crítica formalista.	
2.5.3.5	Un peligro más acusado es el excesivo afán de renovar el cante por parte de algunos, siguiendo rumbos equivocados o precipitando la renovación a través de vías experimentales poco fiables.	
2.5.3.6	La arquitectura es prioridad. De tal forma que se	

	emociona hablando de viviendas sociales en Madrid o de un hotel de lujo en Gijón.	
2.5.3.7	Los candidatos a los Oscar se pasan un par de meses asistiendo a fiestas, cócteles y cenas, concediendo entrevistas y pasándose por late-shows.	
2.5.3.8	Al principio le veías como un maníaco colérico, pero investigando ves que Idi Amin era un hombre extremadamente encantador.	
2.5.3.9	Los gitanos absorbieron el folklore andaluz de viejísimos resonancias orientales, un cancionero popular de amplia gama musical y estilística para inyectarle su racial eco, brotando de este cruce algo nuevo: el cante jondo.	
2.5.3.10	Entre 1970 y 1972, Anselm Kiefer estudió con Beuys en Düsseldorf, encontrando en él un importante estímulo en las discusiones estéticas.	
2.5.3.11	¿Por qué algunos groseros transeúntes se reían al verle, llevándose el dedo a la sien en un inequívoco ademán con el que pretendían hacer comprender que le faltaba un tornillo?	
2.5.3.12	Al poco pudo comprobar que su perseguidor le buscaba, pero le tranquilizó advertir que al cabo de un rato desistía de su empeño acabando por perderse de vista en la siguiente esquina.	
2.5.3.13	De aquella primera ciudad consiguió escapar en poco tiempo encontrando refugio en aquel extraño lugar en que el agente golpeaba con un palo una bola.	
2.5.3.14	Tomó asiento en el banco más apartado de una diminuta plazoleta y se estrujó el cerebro tratando de encontrar una explicación lógica a semejante cambio en la actitud de cientos de personas.	
2.5.3.15	Se habían producido la revolución de los jóvenes y la liberación sexual, comenzaba la expansión de los radicalismos sociales y políticos y la cultura pop, dando un giro a la noción misma de cultura, que se había extendido por Occidente.	

3 Der spanische Infinitiv

Aus translatorischer Sicht gibt es grob gesprochen drei Arten von Infinitivkonstruktionen. Die erste Art könnte man „reine" Infinitivsätze nennen, die auch im Deutschen in der Regel mit einer Infinitivkonstruktion wiedergegeben werden (siehe Satz 3.5). Die zweite Art sind präpositionale Infinitivsätze, also Infinitivsätze, die mit einer Präposition eingeleitet werden, die im Deutschen in der Regel nicht durch eine Infinitivkonstruktion, sondern durch einen Nebensatz oder durch Substantivierung des Verbs wiedergegeben werden. Mit diesen präpositionalen Infinitivsätzen werden wir uns in diesem Kapitel befassen.

Die dritte Art von Infinitivkonstruktion hat eine attributive Funktion in der Nominalphrase (Cartagena/Gauger 1989, II, 47). Wir wollen sie daher nicht – wie die beiden ersten Arten – als Infinitiv*satz*, sondern als Infinitiv*attribut* bezeichnen.[1] Die spanischen Infinitivattribute können entweder mit Infinitiv oder mit dem Partizip I (in adjektivischer Funktion) ins Deutsche übersetzt werden. Zwei Beispiele:

3.1 Pisos **para alquilar**
3.1a Wohnungen **zu vermieten**
*3.1b **zu vermietende** Wohnungen

Stellt man sich Satz 3.1 auf einem Schild vor einem Mehrfamilienhaus vor, kommt als angemessene Übersetzung nur Lösung 3.1a in Frage. Die partizipiale Lösung 3.1b scheidet in so einem Fall aus. Der folgende Satz 3.2 zeigt jedoch, dass partizipiale Lösungen neben der – hier in einen Relativsatz eingebetteten – Infinitivkonstruktion grundsätzlich eine gute Möglichkeit darstellen, die spanischen Infinitivattribute wiederzugeben.

3.2 ¿Dónde voy para encontrar información sobre los pisos **para alquilar**?
3.2a Wo kann ich Informationen über die Wohnungen finden, die **zu vermieten** sind?
3.2b Wo kann ich Informationen über die **zu vermietenden** Wohnungen finden?

3.3 libros **sin encuadernar**
3.3a **nicht gebundene** Bücher

3.4 El lector busca las respuestas a sus interrogantes en medio de una tormenta de hojas de libros **sin encuadernar** y **sin numerar**.

---

1 Cartagena/Gauger (1989, 47) sprechen vom „Infinitivsatz als Attribut" und vom „Infinitivsatz als Satzglied".

3.4a Der Lektor sucht die Antworten auf seine Fragen inmitten eines Gewirrs von Blättern **unzähliger nicht gebundener** Bücher.

Die Bandbreite an Lösungsmöglichkeiten ist bei den spanischen Infinitivattributen beschränkt. Zudem bereiten sie angehenden Übersetzern in der Regel nicht so große Schwierigkeiten wie zum Beispiel die präpositionalen Infinitivsätze. Deshalb wollen wir es mit diesen kurzen Hinweisen bewenden lassen.

Die reinen Infinitivsätze bereiten dem Übersetzer in der Regel ebenfalls keine Schwierigkeiten. Sie können mit einer Konstruktion der Form *zu + Infinitiv* übersetzt werden. Zwei Beispiele mögen genügen:

3.5 Prometió **llamar**me.
3.5a Er versprach, mich **anzurufen**.

3.6 No tienes derecho a **decir**me una cosa así.
3.6a Du hast kein Recht, mir so etwas **zu sagen**.

Kommen wir nun zu den präpositionalen Infinitivsätzen. Sie lassen sich je nachdem, mit welcher Präposition sie verbunden werden, in mehrere Kategorien unterteilen. Man unterscheidet temporale, kausale, finale, konzessive, konditionale und modale Infinitivkonstruktionen. Die Entscheidung, ob die präpositionalen Infinitivsätze durch einen Nebensatz – und wenn ja, durch welchen? – oder durch eine Substantivierung des Verbs wiederzugeben sind, fällt besonders angehenden Übersetzern nicht immer leicht.

3.1 Temporale Infinitivsätze

Temporale Infinitivsätze werden verwendet, um das zeitliche Verhältnis zweier Handlungen zueinander anzugeben. Sie gliedern sich in vier Unterkategorien – je nachdem, ob eine Gleichzeitigkeit, eine Vorzeitigkeit, eine Nachzeitigkeit oder ein Handlungsende angezeigt werden soll.

3.1.1 Gleichzeitigkeit

Gleichzeitigkeit bedeutet, dass die im Hauptsatz ausgedrückte Handlung gleichzeitig (*während*) zu der im Nebensatz ausgedrückten Handlung ausgeführt wird. In der Regel können wir im Deutschen die Gleichzeitigkeit von Handlungen durch die Konjunktionen *als, wenn, während* oder durch einen substantivierten Infinitiv mit der Präposition *bei* (z. B. *beim Schreiben*) ausdrücken.

3.1.1.1 **Al entrar** el profesor, los alumnos siguieron hablando.
3.1.1.1a **Als** der Lehrer **hereinkam**, redeten die Schüler weiter.
3.1.1.1b **Beim Hereinkommen** des Lehrers redeten die Schüler weiter.
3.1.1.1c Der Lehrer **kam herein** und die Schüler redeten weiter.

Man ist versucht in den Hauptsatz ein *trotzdem* einzufügen, um den Gegensatz – in diesem Fall die Unhöflichkeit des Schülerverhaltens – hervorzuheben:

3.1.1.1d **Als** der Lehrer **hereinkam**, redeten die Schüler *trotzdem* weiter.
3.1.1.1e Der Lehrer **kam herein** und die Schüler redeten *trotzdem* weiter.

Dies kann eine gültige Strategie sein, und zwar genau dann, wenn der angesprochene Gegensatz durch den weiteren Kontext des Satzes gestützt wird. Die Übersetzungsstrategie würde dann darin bestehen, etwas implizit Mitverstandenes, aber nicht explizit Ausgedrücktes durch eine entsprechende Wortwahl im Zieltext zu versprachlichen. Wenn aber der Autor des Satzes keinen Gegensatz ausdrücken, sondern nur auf die Gleichzeitigkeit der Handlungen des Hereinkommens und Redens abheben wollte, dann wäre die Unhöflichkeit der Schüler nicht implizit im Ausgangstext mitverstanden und dem Zieltext würde durch das Einfügen des Adverbs *trotzdem* eine Bedeutungsnuance unzulässigerweise hinzugefügt.

Dieser Beispielsatz lässt sich auch im Präsens formulieren. Die Überlegungen zur Übersetzungsstrategie gelten natürlich auch hier.

3.1.1.2 **Al entrar** el profesor, los alumnos siguen hablando.
3.1.1.2a **Wenn** der Lehrer **hereinkommt**, reden die Schüler weiter.
3.1.1.2b **Während des Hereinkommens** des Lehrers reden die Schüler weiter.
3.1.1.2c Der Lehrer **kommt herein** und die Schüler reden weiter.

Die deutsche Konjunktion *wenn* kann sowohl temporal (*immer wenn*) als auch konditional (*falls*) gemeint sein. Ohne Kontext würden wir Beispielsatz 3.1.1.2a wohl so verstehen, dass eine Gewohnheit (*immer wenn*) ausgedrückt werden soll. Eine konditionale Interpretation des *wenn* (*falls*) scheint in diesem Satz eher unwahrscheinlich.

Die Verwendung der Infinitivkonstruktion kann sich im Spanischen sowohl auf eine Gewohnheit als auch auf einen Einzelfall beziehen. Falls sich Beispielsatz 3.1.1.2 auf einen Einzelfall bezieht, wäre eine Übersetzung mit *wenn* nicht zu empfehlen, sollte aber eine Gewohnheit oder Regel ausgedrückt werden, wäre eine Übersetzung vom Typ 3.1.1.2a in Erwägung zu ziehen.

Liest man die Beispielsätze 3.1.1.1a, 3.1.1.1b, 3.1.1.1c und 3.1.1.1d sowie 3.1.1.2a, 3.1.1.2b und 3.1.1.2c jeweils im Vergleich, fällt auf, dass ihre Wirkung auf uns unterschiedlich ausfällt: Ihr stilistischer Wert ist verschieden.

Welche Übersetzung die bessere ist, können wir erst im konkreten Einzelfall entscheiden, wenn uns der weitere Kontext bekannt ist, in den der Satz eingebettet sein soll. Und natürlich sollten wir auch mehr über den Text, die Textsorte, den Stil des Textes, den zu erfüllenden Zweck des Textes, die Autorenintention, die Adressaten und Rezipienten usw. wissen.

Die Frage nach dem stilistischen Wert eines Satzes kann unabhängig von seiner Qualität als Übersetzung für einen ausgangssprachlichen Satz beantwortet werden. Dazu müssen wir uns eine einfache Frage stellen: Wie wirkt der Satz auf uns?

Diese Frage lässt sich in weitere Fragen „aufspalten“: Klingt der Satz elegant oder holprig? Ist er leicht oder schwer verständlich? Würden wir ihn eher in einem Gedicht oder einer amtlichen Verlautbarung vermuten?

Ein einzelner Mensch ist zwar nicht das Maß aller Dinge, aber ein Übersetzer muss ein Stilempfinden entwickeln, damit er die mögliche(n) Wirkung(en) auf die potentiellen Leser einschätzen kann.

Weitere Beispielsätze:

3.1.1.3 **Al escribir** la historia, me propuso plantear preguntas, más que dar respuestas.

3.1.1.3a **Als** ich die Geschichte **schrieb**, wollte ich Fragen stellen und keine Antworten geben.

3.1.1.3b **Beim Schreiben** der Geschichte wollte ich Fragen stellen und keine Antworten geben.

3.1.1.3c **Als** ich die Geschichte **schrieb**, wollte ich eher Fragen stellen als Antworten geben.

3.1.1.3d **Beim Schreiben** der Geschichte wollte ich eher Fragen stellen als Antworten geben.

Für die spanische Infinitivkonstruktion *al escribir* gibt es hier zwei Typen von Übersetzungsvorschlägen: zum einen einen temporalen Nebensatz (*als ich schrieb*) und zum anderen einen substantivierten Infinitiv (*beim Schreiben*). Temporale Nebensätze sind typisch für den sogenannten Verbalstil, während substantivierte Infinitive für den Nominalstil charakteristisch sind. Unsere Übersetzungsentscheidungen werden wesentlich erleichtert, wenn wir wissen, welcher Stil für die fragliche Textsorte zu verwenden ist.

Die Märchen bilden eine Textsorte, die im Deutschen durch den Verbalstil geprägt sind. Finden wir also in einem spanischen Märchen eine Infinitivkonstruktion, sollten wir sie – verbal – mit einem Nebensatz übersetzen. In amtlichen Verlautbarungen herrscht der Nominalstil vor. In solchen Texten ist es eher angeraten, die Infinitivkonstruktionen durch substantivierte Infinitive wiederzugeben.

Neben dieser Art stilistischer Überlegung, die an der Unterscheidung von Textsorten anhand von Verbal- und Nominalstil orientiert ist, gibt es noch eine andere Möglichkeit, sich der übersetzerischen Entscheidung zu nähern. Diese andere Art fragt nach der Wirkung auf den Leser. Durch die Wahl geeigneter Formulierungen kann der Autor die Wirkung auf den Leser in einem gewissen Maß steuern. Man kann aber nicht behaupten, dass die Wirkung bereits durch die Wortwahl determiniert sei.

Durch die Verwendung finiter Verben werden Handlungen in der Zeit lokalisiert. Beim Infinitiv hingegen findet keine zeitliche Markierung statt. Der temporale Nebensatz *als ich schrieb* zieht den Leser viel stärker in die Vergangenheit, als der spanische Infinitiv oder der substantivierte Infinitiv im Deutschen es vermögen. Wenn wir dem Verfasser mit guten Gründen unterstellen können, dass er seine Leser auf eine Zeitreise mitnehmen will, bei der er uns etwas über den Einzelfall der in Rede stehenden Geschichte erzählen will, dann ist der temporale Nebensatz als Lösung zu bevorzugen.

Steht aber nicht der zeitliche Aspekt, sondern der Vollzug der Handlung im Vordergrund, dann ist der substantivierte Infinitiv die bessere Lösung.

Die Übersetzungen von Satz 3.1.1.3 unterscheiden sich außerdem durch die Art, wie sie *más que* wiedergeben. In den Varianten 3.1.1.3a und 3.1.1.3b wird behauptet, dass der Autor das eine wollte (*Fragen stellen*) und das andere nicht wollte (*Antworten geben*). Die Formulierung in den Varianten 3.1.1.3c und 3.1.1.3d ist dem gegenüber vorsichtiger. Sie drückt kein Alles-oder-Nichts aus, sondern ein Mehr-oder-Weniger.

Wie wir sehen, kommt es manchmal auf Nuancen an. Der Übersetzer muss sich fragen, ob diese Bedeutungsnuance in seinem Zieltext von Belang ist, zum Beispiel weil der Autor an anderer Stelle darauf zurückkommt, oder ob diese Feinheit in diesem Zusammenhang unwichtig ist.

Beim folgenden Beispielsatz ist einerseits ein Kontext denkbar, der auf eine Gewohnheit bzw. Regel abhebt, andererseits könnte er sich aber auch auf einen Einzelfall beziehen.

3.1.1.4 **Al hacernos mayores,** los sueños se vuelven pequeños.
3.1.1.4a **Wenn** wir **älter werden**, werden die Träume kleiner.
3.1.1.4b **Während** wir **älter werden**, werden die Träume kleiner.
3.1.1.4c **Beim Älterwerden** werden die Träume kleiner.
3.1.1.4d Wir **werden älter** und die Träume werden kleiner.

Variante 3.1.1.4a interpretiert den Beispielsatz als Ausdruck einer Regel: So ist halt des Menschen Schicksal. Das *wir* bezieht sich dann sozusagen auf die gesamte Menschheit. Bei Variante 3.1.1.4b hingegen kann sich das *wir* auch auf eine bestimmte Gruppe von Menschen beziehen, also auf einen bestimmten Einzelfall. Hier wird die Gleichzeitigkeit von Älterwerden und Desillusionierung bei einer bestimmten Gruppe von Menschen thematisiert. Variante 3.1.1.4c ist wieder eindeutig als Regel zu interpretieren, während Variante 3.1.1.4d stärker auf das Einzelschicksal dieser bestimmten Wir-Gruppe abhebt.

3.1.2 Vorzeitigkeit

Vorzeitigkeit bedeutet, dass die im Hauptsatz ausgedrückte Handlung vorzeitig (*vorher*) zu der im Nebensatz ausgedrückten Handlung ausgeführt wird. Wir geben dies in der Regel mit der Konjunktion *bevor* oder einem substantivierten Infinitiv mit der Präposition *vor* (z. B. *vor dem Schreiben*) wieder.

3.1.2.1 El camarero limpió la mesa **antes de colocar** las bebidas.
3.1.2.1a Der Kellner machte den Tisch sauber, **bevor** er die Getränke **darauf stellte**.
3.1.2.1b **Vor dem Daraufstellen** der Getränke machte der Kellner den Tisch sauber.

Auch hier - wie bei allen folgenden Beispielsätzen - gilt, dass Sie erstens die möglichen Varianten ausprobieren und nicht von vornherein verwerfen sollten; und dass Sie zweitens den stilistischen Wert der verschiedenen Varianten abschätzen sollten. Dazu könnten Sie auch die Meinung von Kommilitonen, Freunden, Verwandten oder Bekannten einholen. Wir werden im Folgenden nicht jeden Beispielsatz auf seinen stilistischen Wert hin abklopfen und anmerken, ob damit eine bestimmte Übersetzung als gelungen, weniger gelungen oder gar nicht gelungen zu gelten hat.

Es geht um das Herausarbeiten und Einüben grundsätzlicher Formulierungsmöglichkeiten. Und es geht darum, dass Sie ein Gefühl für die stilistischen Nuancen der deutschen Sprache entwickeln.

Ein Vergleich der beiden Beispielsätze ergibt, dass Satz 3.1.2.1a flüssiger klingt als 3.1.2.1b, der etwas holprig wirkt. Das liegt an dem Verb *daraufstellen*, dessen Substantivierung als wenig elegant empfunden wird, was durch die Ergänzung im Genitiv *der Getränke* verstärkt wird. Diese Kombination ist an sich schon nicht besonders schön. Hinzu kommt, dass das Wort *Getränke* das Objekt des Satzes ist. Es sind eben nicht die Getränke, die die Handlung des Daraufstellens ausführen, sondern der Kellner.

In Satz 3.1.1.1b war es der Lehrer, der hereinkam, der Lehrer führte also tatsächlich die Handlung aus, so dass vom Hereinkommen des Lehrers gesprochen werden konnte. Aber auch für Satz 3.1.1.1b gilt, dass er stilistisch gesehen im Vergleich zu den anderen Varianten nicht so schön ist. Die Sätze 3.1.1.1b und 3.1.2.1b verschleiern durch die gewählte Satzkonstruktion den tatsächlichen Zusammenhang zwischen *Hereinkommen* und *Lehrer* einerseits und andererseits *Daraufstellen*, *Getränke* und *Kellner*. Dem Leser wird nicht explizit gesagt, ob der Lehrer bzw. die Getränke die Handlung ausführen (Agens) oder ob an ihnen eine Handlung ausgeführt wird (Patiens). Der Leser muss sich den tatsächlichen Zusammenhang erst interpretativ erschließen. Als Muttersprachler ist dies meistens eine leichte Übung, in der Fremdsprache fällt uns das in der Regel viel schwerer.

3.1.3 Nachzeitigkeit

Nachzeitigkeit bedeutet, dass die im Hauptsatz ausgedrückte Handlung nachzeitig (*nachher*) zu der im Nebensatz ausgedrückten Handlung ausgeführt wird. Wir geben dies in der Regel mit der Konjunktion *nachdem* oder einem substantivierten Infinitiv mit der Präposition *nach* (z. B. *nach dem Schreiben*) wieder.

3.1.3.1 **Después de esperar** media hora, se fue a casa.
3.1.3.1a **Nachdem** er eine halbe Stunde **gewartet hatte**, ging er nach Hause.
3.1.3.1b **Nach** einer halben Stunde **des Wartens** ging er nach Hause.
3.1.3.1c Er wartete eine halbe Stunde **und** ging **danach** nach Hause.

Bei der letzten der drei Varianten wird für das Deutsche statt der spanischen Nebensatz-Hauptsatz-Konstruktion eine Konstruktion aus zwei Hauptsätzen gewählt. Beide Hauptsätze werden mit der Konjunktion *und* verbunden. Der Hinweis auf die Nachzeitigkeit wird in den zweiten Hauptsatz verlagert und durch ein Pronominaladverb (*danach*) ausgedrückt. Formulierungen mit Pronominaladverbien sind typisch deutsch. Für sie gibt es im Spanischen keine formalgrammatische Entsprechung.

Infinitivsätze können im Spanischen auch in wenigen Fällen mit einer Präposition (statt einer Konjunktion) eingeleitet werden. Der auf die Präposition folgende Infinitiv wird dann wie ein Substantiv behandelt. Dies ist zum Beispiel bei *tras* der Fall.

3.1.3.2 Se divorcian **tras descubrir** que eran la misma pareja en vida virtual y real.
3.1.3.2a Sie ließen sich scheiden, **nachdem sie entdeckt hatten**, dass sie im virtuellen und im realen Leben das gleiche Paar waren.
3.1.3.2b Sie ließen sich **nach der Entdeckung** scheiden, dass sie im virtuellen und im realen Leben das gleiche Paar waren.

Man beachte, dass in Satz 3.1.3.2 nicht die Konjunktion *tras de*, sondern die Präposition *tras* steht. Auf die Möglichkeiten der Übersetzung hat dies jedoch keinen Einfluss. Es dürfte klar sein, dass in diesem Fall die substantivierte Lösung von Satz 3.1.3.2b nicht so elegant ist wie die verbale Lösung von Satz 3.1.3.2a und daher vermieden werden sollte.

3.1.4 Handlungsende

Handlungsende bedeutet, dass die im Hauptsatz ausgedrückte Handlung so lange stattfindet, bis die im Nebensatz ausgedrückte Handlung vollzogen wird. Das Einsetzen der Nebensatzhandlung markiert somit das Ende der Hauptsatzhandlung. Wir geben dies in der Regel mit der Konjunktion *bis* wieder.

3.1.4.1 No dejó de preguntar en el hospital **hasta enterarse** de que había salido bien la operación.
3.1.4.1a Sie fragte so lange im Krankenhaus nach, **bis** sie **erfuhr**, dass die Operation gut verlaufen war.

3.2 Kausale Infinitivsätze

Kausale Infinitivsätze werden verwendet, um einen Grund oder eine Begründung für eine Handlung oder einen Sachverhalt anzugeben. Wir geben dies in der Regel mit den Konjunktionen *da, weil* oder *denn* wieder.

3.2.1 No puede decírmelo **por no saber**lo tampoco él.
3.2.1a Er kann es mir nicht sagen, **weil** er es auch nicht **weiß**.
3.2.1b Er kann es mir nicht sagen, **da** er es auch nicht **weiß**.
3.2.1c Er kann es mir nicht sagen; **denn** er **weiß** es auch nicht.

3.3 Finale Infinitivsätze

Finale Infinitivsätze werden verwendet, um den Zweck einer Handlung anzugeben. Wir geben dies in der Regel mit den Konjunktionen *um* oder *damit* wieder.

Mit der Konjunktion *um* bilden wir dann auch im Deutschen einen Infinitivsatz, während wir mit der Konjunktion *damit* einen normalen Nebensatz mit Subjekt und finitem Verb bilden.

Die Infinitivkonstruktion gilt in der Regel gegenüber der Nebensatzkonstruktion als stilistisch höherwertiger. Für einige Textsorten ist jedoch die umgangssprachlichere *damit*-Konstruktion zu bevorzugen. Sie ist auch dann zu bevorzugen, wenn das Subjekt der besseren Verständlichkeit halber explizit genannt werden sollte.

3.3.1 Viene ahorrando **para poder** viajar con ellos a Alemania.
3.3.1a Er spart schon seit einiger Zeit, **um** mit ihnen nach Deutschland fahren **zu können**.
3.3.1b Er spart schon seit einiger Zeit, **damit** er mit ihnen nach Deutschland fahren **kann**.

3.4 Konzessive Infinitivsätze

Konzessive Infinitivsätze werden verwendet, um eine Einschränkung für eine Handlung oder einen Sachverhalt anzugeben. Wir geben dies im Deutschen in der Regel mit den Konjunktionen *obwohl, obgleich* oder *trotz* wieder. Wird die Konjunktion *trotz* verwendet, kommt es zu einem Wortartwechsel. Wir müssen dann nämlich das spanische Adjektiv in ein deutsches Substantiv verwandeln: aus *listo* wird *Schlauheit* (Satz 3.4.2).

3.4.1 **Con ser** tan listo no encontrarás la solución.
3.4.1a **Obwohl** Du so schlau **bist**, wirst du die Lösung nicht finden.
3.4.1b **Obgleich** Du so clever **bist**, wirst du die Lösung nicht finden.

3.4.2 **A pesar de ser** tan listo no encontrarás la solución.
3.4.2a **Trotz** Deiner **Schlauheit** wirst du die Lösung nicht finden.
3.4.2b **Trotz** Deiner **Cleverness** wirst du die Lösung nicht finden.

3.5 Konditionale Infinitivsätze

Konditionale Infinitivsätze werden verwendet, um eine irreale Bedingung für eine Handlung oder einen Sachverhalt anzugeben. Im Spanischen kommen konditionale Infinitivsätze sehr selten vor. Sie sind meistens *verneint* und werden in der Regel mit *de no ser* eingeleitet. Wir geben dies im Deutschen am besten mit der Wendung *wenn nicht* wieder.

3.5.1 **De no ser** verdad, yo no lo hubiera dicho.
3.5.1a **Wenn es nicht** wahr **wäre**, hätte ich es nicht gesagt.

3.6 Modale Infinitivsätze

Modale Infinitivsätze werden verwendet, um die Art und Weise anzugeben, in der eine Handlung ausgeführt wird. Sie werden im Spanischen in der Regel mit *sin* eingeleitet. Wir geben dies meist mit der Konjunktion *ohne* wieder, wobei wir entweder mit *zu* oder mit *dass* anschließen.

3.6.1 Miente **sin ponerse** colorado.
3.6.1a Er lügt, **ohne** rot **zu werden**.
3.6.1b Er lügt, **ohne dass** er rot **wird**.

3.7 Zusammenfassung der Infinitivkonstruktionen

Das in den vorigen Unterkapiteln Gesagte lässt sich in einer Tabelle wie folgt zusammenfassen:

Art der Konstruktion	**Span. Präposition**	**Deutsche Übersetzung**
Temporalsätze		
Gleichzeitigkeit	al + Infinitiv	wenn + Indikativ als + Indikativ während + Indikativ während + Substantivierung bei + Substantivierung
Vorzeitigkeit	antes de + Infinitiv	bevor + Indikativ vor + Substantivierung
Nachzeitigkeit	después de + Infinitiv	nachdem + Indikativ nach + Substantivierung
Handlungsende	hasta + Infinitiv	bis + Indikativ bis + Substantivierung
Kausalsätze	al + Infinitiv por + Infinitiv	weil + Indikativ da + Indikativ denn + Indikativ
Finalsätze	para + Infinitiv por + Infinitiv	um ... zu + Infinitiv damit + Indikativ
Konzessivsätze	con + Infinitiv a pesar de + Infinitiv	obwohl + Indikativ obgleich + Indikativ trotz + Substantivierung
Konditionalsätze	de + Infinitiv	wenn + Indikativ

Modalsätze	sin + Infinitiv	ohne … zu + Infinitiv ohne dass + Indikativ

3.8 Übungen zu den Infinitivkonstruktionen

3.8.1 Übersetzungsrelevante Satzanalyse

Bevor Sie sich an die Übersetzung der nachfolgenden Übungssätze zu den Infinitivkonstruktionen machen, sollten Sie eine übersetzungsrelevante Satzanalyse durchführen, um sich deren syntaktische Struktur zu vergegenwärtigen und die Funktion der einzelnen Teilsätze und Satzglieder zu analysieren.

Für Satz 3.8.2.3 sieht das Ergebnis der formalen Satzanalyse wie folgt aus:

Der Hauptsatz ist: *El acusado niega.* Das Subjekt ist *el acusado* und das Prädikat ist *niega.* An den Hauptsatz schließt sich mit *haber cometido el crimen* ein reiner Infinitivsatz an, der aus dem Prädikat *haber cometido* und dem direkten Objekt *el crimen* besteht.

Für Satz 3.8.2.3 sieht das Ergebnis der funktionalen Satzanalyse mit der Bestimmung der verschiedenen Funktionen der Teilsätze und Satzglieder wie folgt aus:

Wer vollzog die Handlung? *El acusado.* Welche Handlung wurde vollzogen? *Negar.* Im Infinitivsatz wird die Frage beantwortet, was geleugnet wurde: *Haber cometido el crimen.* Der Infinitiv der Vergangenheit wird verwendet, um Vorzeitigkeit zu markieren; das bedeutet, dass das Begehen des Verbrechens, das dem Angeklagten zur Last gelegt wird, *vor* dem Leugnen stattfand.

3.8.2.3 El acusado niega haber cometido el crimen.
3.8.2.3a Der Angeklagte leugnet, das Verbrechen begangen zu haben.
3.8.2.3b Der Angeklagte leugnet, dass er das Verbrechen begangen hat.

Die erste Übersetzungslösung (3.8.2.3a) ist die stilistisch höherwertige und in der Regel der zweiten (3.8.2.3b) vorzuziehen. Sie ist vor allem in juristischen Texten eindeutig die bessere Lösung. Es sind aber auch Texte denkbar, in denen die zweite Lösung angemessener ist. Dies könnte z. B. dann der Fall sein, wenn sich der stilistisch höherwertige Infinitiv der Vergangenheit mit einem ansonsten umgangsprachlich-kolloquialen Sprechduktus nicht verträgt.

Das Verb *negar* kann man in den meisten Fällen mit *leugnen* oder *abstreiten* übersetzen. Demzufolge gibt es zwei weitere Möglichkeiten den Satz zu übersetzen:

3.8.2.3c Der Angeklagte streitet ab, das Verbrechen begangen zu haben.
3.8.2.3d Der Angeklagte streitet ab, dass er das Verbrechen begangen hat.

Für den komplexen Übungssatz 3.8.3.1 sieht das Ergebnis der formalen Satzanalyse wie folgt aus:

Der Hauptsatz besteht nur aus dem Prädikat *comenzó* und der adverbialen Bestimmung *por tanto*. Vor dem Hauptsatz ist ein temporaler Infinitivsatz angeschlossen, der aus dem Infinitiv *al caer* und dem Objekt *la tarde* besteht. Nach dem Hauptsatz ist ein reiner Infinitivsatz angeschlossen, der aus dem Infinitiv *a descender* und den adverbialen Bestimmungen des Ortes *de la montaña* und der Art und Weise *con toda parsimonia* aufgebaut ist. Es sollte hinzugefügt werden, dass es sich bei der Wendung *comenzar a hacer* um eine Verbalperiphrase handelt, die in Kapitel 5 behandelt werden. Dieser Vorgriff dürfte aber kein Problem sein, weil sie sehr gut mit der syntaktisch ähnlichen Konstruktion *beginnen zu tun* ins Deutsche übertragen werden kann. Dies ist aber, wie wir gleich sehen werden, nicht die einzige Möglichkeit.

Das Ergebnis der funktionalen Satzanalyse für Satz 3.8.3.1 sieht wie folgt aus:

Wer vollzog die Handlung? *Eine nicht näher bezeichnete 3. Person Singular.* Welche Handlung wurde vollzogen? *Comenzar a descender.* Man beachte, dass für die funktionale Satzanalyse die Verbalperiphrasen eine Einheit bilden, während sie bei der formalen Satzanalyse besser getrennt betrachtet werden sollten.

Im vorangehenden Infinitivsatz wird die Frage beantwortet, wann die mit der Verbalperiphrase ausgedrückte Handlung stattfindet: *Al caer la tarde.* Das finite Verb der Verbalperiphrase (*comenzó*) wird durch die adverbiale Bestimmung *por tanto* näher bestimmt, die kausal (*also*) gemeint ist. Auch *con toda parsimonia* ist eine adverbiale Bestimmung, die sich allerdings auf den infiniten Teil der Verbalperiphrase (*descender*) bezieht und die Frage beantwortet, *wie* das Absteigen erfolgt, nämlich in aller Ruhe. Die zweite adverbiale Bestimmung *de la montaña* gibt schließlich den Ort an, *von wo* der Abstieg seinen Ausgang nimmt.

3.8.3.1 Al caer la tarde comenzó por tanto a descender con toda parsimonia de la montaña.

3.8.3.1a Als der Abend hereinbrach, begann er also, in aller Ruhe von dem Berg herabzusteigen.

3.8.3.1b Als es Abend wurde, begann er also in aller Ruhe mit dem Abstieg vom Berg.

3.8.2 Einfache Übungssätze zu den Infinitivkonstruktionen

Gehen Sie bei der Übersetzung der nachfolgenden einfachen Übungssätze bitte wie folgt vor: (1) Führen Sie als erstes eine übersetzungsrelevante Satzanalyse durch. (2) Bestimmen Sie die Art der Infinitivkonstruktion und tragen Sie sie in die Spalte *Art* ein. (3) Schlagen Sie im entsprechenden Unterkapitel nach, welche Lösungsmöglichkeiten für die jeweilige Art der Infinitivkonstruktion angegeben sind. (4) Versuchen Sie für jeden der nachfolgenden Übungssätze, mehrere, syntaktisch verschiedene Übersetzungen zu erstellen. (5) Nehmen Sie eine stilistische Bewertung der verschiedenen von Ihnen angefertigten Übersetzungen vor.

Nr.	Übungssatz	Art
3.8.2.1	Lo del infinitivo es fácil de comprender.	
3.8.2.2	Se ha propuesto ir al extranjero por medio año.	
3.8.2.3	El acusado niega haber cometido el crimen.	
3.8.2.4	Aquí está prohibido fumar.	
3.8.2.5	Intentó llamarnos por teléfono porque quería invitarnos.	
3.8.2.6	Llamarme por teléfono fue lo mejor que pudiste hacer.	
3.8.2.7	Miguel no puede ir con ellos por haberse roto la pierna.	
3.8.2.8	Al enterarse del accidente se puso pálida.	
3.8.2.9	Para poder estudiar medicina tienes que tener muy buenas notas.	
3.8.2.10	Después de haber estudiado tanto puedes permitirte descansar un rato.	
3.8.2.11	A pesar de haberse pasado toda la noche trabajando no estaba cansada.	
3.8.2.12	De ser verdad lo que ha contado, ha tenido mucha suerte.	
3.8.2.13	¡Pensad un momento antes de contestar!	
3.8.2.14	Lleva todo el día sentada sin decir palabra.	
3.8.2.15	Tienes que darte prisa para no perder el tranvía.	
3.8.2.16	Es una fecha a señalar en el calendario.	
3.8.2.17	Tras contemplar tan extraño prodigio, Ali Bahar se arrodilló a dar gracias a Alá.	
3.8.2.18	Al finalizar una noche de verbena, Celia fracasa en su intento de suicidio.	
3.8.2.19	Al vestir bien le dedicas demasiada atención.	
3.8.2.20	Después de comer se fumó un habano.	
3.8.2.21	Al ponerse el sol brillaban las estrellas.	
3.8.2.22	„La ciudad se ha vuelto loca," dijo Juan nada más abrir la puerta de la habitación.	
3.8.2.23	Al leer a Jane Austen, me dije: „Yo quiero hacer exactamente esto".	
3.8.2.24	¿Qué te llevó a elaborar este guía de referencia de nuevos artistas?	
3.8.2.25	Los Fur son un pueblo africano a extinguir.	

3.8.3 Komplexe Übungssätze zu den Infinitivkonstruktionen

Gehen Sie bei der Übersetzung der nachfolgenden komplexen Übungssätze bitte wie folgt vor: (1) Führen Sie als erstes eine übersetzungsrelevante Satzanalyse durch. (2) Bestimmen Sie die Art der Infinitivkonstruktion und tragen Sie sie in die Spalte *Art* ein. (3) Schlagen Sie im entsprechenden Unterkapitel nach, welche Lösungsmöglichkeiten für die jeweilige Art der Infinitivkonstruktion angegeben sind. (4) Versuchen Sie für jeden der nachfolgenden Übungssätze, mehrere, syntaktisch verschiedene Übersetzungen zu erstellen. (5) Nehmen Sie eine stilistische Bewertung der verschiedenen von Ihnen angefertigten Übersetzungen vor.

Nr.	Übungssatz	Art
3.8.3.1	Al caer la tarde comenzó por tanto a descender con toda parsimonia de la montaña.	
3.8.3.2	Considérelo como simples "daños colaterales" y aplíquese a la tarea de acabar con ese malnacido.	
3.8.3.3	Su interlocutor observó unos instantes a quien tenía delante sin sentirse capaz de disimular su perplejidad.	
3.8.3.4	Al poco escuchó el ruido de la puerta del conductor al cerrarse y casi de inmediato le llegaron voces lejanas.	
3.8.3.5	Luego, además, al salir de la calle, me encontré con la movida de finales de los 70 y me vi metida en un grupo de gente apasionada por el arte.	
3.8.3.6	Al ser coronado emperador por el Papa en Roma en el año 962, Otón I fundó el Sacro Imperio Romano Germánico, un Estado destinado a durar más de ocho siglos.	
3.8.3.7	El madrileño José Blas Vega es una de las más reputadas firmas en la investigación flamenca, por no usar esa curiosa palabreja que acaba en 'logia'.	
3.8.3.8	No hay más que analizar la prensa y vemos la preponderancia de Madrid en cuanto al flamenco. Sin olvidar que Madrid aporta una nómina bastante amplia, más amplia que muchas provincias andaluzas, de artistas madrileños.	
3.8.3.9	La escena alcanzó su climax en el momento de advertir que en la parte alta del acuario se abría una tampilla con el fin de que una especie de ancho cazamariposas se introdujera en el agua y capturara una esquiva langosta.	

3.8.3.10	Ali Bahar permaneció unos instantes atónito sin saber qué decisión adoptar, pero al advertir que se aproximaban varios transeúntes charlando y riendo animadamente decidió limitarse a saltar sobre el despatarrado cuerpo del policía y alejarse en la noche.	

4 Das spanische Partizip

Partizipialkonstruktionen können im Spanischen als Ersatz für adverbiale Nebensätze dienen. Es handelt sich dabei um temporale, konzessive und modale Nebensätze sowie um Partizipialkonstruktionen als Ersatz für Relativsätze.

4.1 Temporale Partizipialsätze

Temporale Partizipialsätze werden verwendet, um das zeitliche Verhältnis zweier Handlungen zueinander zu bestimmen. In der Regel werden temporale Partizipialsätze nur zur Kennzeichnung der Vorzeitigkeit (*nach, nachdem*) oder des Handlungsendes (*bis*) verwendet. Eine Möglichkeit ihrer Übersetzung besteht darin, einen temporalen Nebensatz mit der Konjunktion *nachdem* oder *bis* zu konstruieren. In vielen Fällen ist auch die Wiedergabe mit einer Nominalphrase mit der Präposition *nach* oder *bis* und einem Substantiv auf *-ung* (Satz 4.1.1b) ein probates Mittel. Teilweise können temporale Partizipialsätze mit einem einfachen temporalen Adverb ins Deutsche übertragen werden.

4.1.1 **Contados** los votos, hicieron público el resultado de las elecciones.
4.1.1a **Nachdem** die Stimmen **gezählt worden waren**, wurde das Wahlergebnis bekannt gegeben.
4.1.1b **Nach der Auszählung** der Stimmen wurde das Wahlergebnis bekannt gegeben.

4.1.2 **Hasta aclarado** esto, no me moveré del sitio.
4.1.2a **Bis** das **geklärt ist**, rühre ich mich nicht von der Stelle.

4.1.3 El director y su familia llegaron **pasadas** las diez.
4.1.3a Der Direktor und seine Familie kamen **nach** 10 Uhr an.
4.1.3b Der Direktor und seine Familie kamen **erst nach** 10 Uhr.

4.2 Konzessive Partizipialsätze

Konzessive Partizipialsätze werden verwendet, um eine Einschränkung für eine Handlung oder einen Sachverhalt anzugeben. In der Regel werden sie im Spanischen durch *si bien* eingeleitet.

4.2.1 Los obreros de la fábrica, **si bien reanudadas** las conversaciones entre sus representantes y los directivos de la empresa, continuaron en huelga.

4.2.1a Die Fabrikarbeiter setzten ihren Streik fort, **obwohl** die Gespräche zwischen ihren Vertretern und dem Vorstand **wieder aufgenommen worden waren**.

4.3 Modale Partizipialsätze

Modale Partizipialsätze werden verwendet, um die Art und Weise anzugeben, in der eine Handlung ausgeführt wird. Das Partizip wird hier - wie an der flektierten Endung zu erkennen ist – wie ein Adjektiv verwendet, und zwar im Spanischen wie im Deutschen.

4.3.1 La actriz del teatro, **alborotados** sus cabellos por el esfuerzo, se dirigió al público con voz cavernosa.

4.3.1a Die Schauspielerin wandte sich mit wegen der Anstrengung **zerzausten** Haaren mit ihrer tiefen Stimme an das Publikum.

4.3.1b Die Theaterschauspielerin wandte sich mit von der Anstrengung **zerzausten** Haaren mit ihrer tiefen Stimme an das Publikum.

4.4 Partizipialsätze statt Relativsätze

Eine Partizipialkonstruktion als Ersatz für einen Relativsatz wird verwendet, um eine Person oder einen Gegenstand näher zu beschreiben. Wir geben dies im Deutschen in der Regel durch einen Relativsatz wieder.

4.4.1 Tomás, **reprendido** por el profesor, se pasó todo el día estudiando.

4.4.1a Tomás, **der** vom Lehrer **getadelt worden war**, verbrachte den ganzen Tag lernend.

4.4.1b Tomás, **der** vom Lehrer **getadelt worden war**, lernte den ganzen Tag.

4.4.1c Tomás, **der** vom Lehrer **getadelt worden war**, verbrachte den ganzen Tag mit Lernen.

Eine weitere Möglichkeit, diese Partizipialkonstruktion zu übersetzen, besteht in der Verwendung einer attributiven Bestimmung, wie die folgende Variante zeigt. Dabei wird das Partizip wie ein Adjektiv flektiert.

4.4.1d **Der vom Lehrer getadelte** Tomás lernte den ganzen Tag.

Auch der folgende Satz 4.4.2 kann im Deutschen entweder mit einem Relativsatz oder mit einer attributiven Bestimmung wiedergegeben werden.

4.4.2 ¡El jersey **comprado** ayer ya está sucio!

4.4.2a Der Pullover, **der** gestern **gekauft wurde**, ist schon schmutzig!

4.4.2b Der Pullover, **den** er gestern **gekauft hat**, ist schon schmutzig!

4.4.2c **Der gestern gekaufte** Pullover ist schon schmutzig!

Bevor man in Satz 4.4.2b ein Pronomen (ich, du, er, sie, es, wir, ihr, sie) einfügt, muss klar sein, welche Person den Pullover gekauft hat. Geht diese Information auch nicht aus dem weiteren Kontext hervor, bleibt nur die Variante 4.4.2a. Und aus stilistischer Sicht ist hinzuzufügen, dass die attributive Lösung von Satz 4.4.2c selten verwirklicht wird. So spricht man nicht, so schreibt auch kaum jemand. Beim nachfolgenden Satz 4.4.3 ist eine attributive Lösung sogar überhaupt nicht denkbar. Dies liegt daran, dass sich das Partizip *instalados* nicht auf das Subjekt des Satzes (*Groenlandia*), sondern auf die Wikinger bezieht. Die attributiven Bestimmungen sollten also nur in wenigen, gut begründeten Fällen vom Übersetzer zum Einsatz gebracht werden.

4.4.3 **Instalados** ya en Islandia, Groenlandia se presentó como el siguiente destino vikingo.

4.4.3a **Nachdem sie sich** in Island **niedergelassen hatten**, war Grönland das nächste Ziel der Wikinger.

4.4.3b **Nachdem sich die Wikinger** in Island **niedergelassen hatten**, war Grönland ihr nächstes Ziel.

4.5 Zusammenfassung der Partizipialkonstruktionen

Ersatz für	**Spanische Konstruktion**	**Deutsche Übersetzung**
Temporalsätze		
Vorzeitigkeit	Partizip	nachdem + Plusquamperfekt nachdem + Perfekt
Handlungsende	hasta + Partizip	bis + Perfekt
Konzessivsätze	si bien + Partizip	obwohl + Perfekt obwohl + Plusquamperfekt
Modalsätze	Partizip	Partizip als Adjektiv
Relativsätze	Partizip	Relativpronomen + Plusquamperfekt Passiv Relativpronomen + Präteritum/Perfekt (Passiv) Partizip als Adjektiv nachdem + Plusquamperfekt

4.6 Übungen zu den Partizipialkonstruktionen

4.6.1 Übersetzungsrelevante Satzanalyse

Bevor Sie sich an die Übersetzung der nachfolgenden Übungssätze zu den Partizipialkonstruktionen machen, sollten Sie eine übersetzungsrelevante Satzanalyse durchführen, um sich deren syntaktische Struktur zu vergegenwärtigen und die Funktion der einzelnen Teilsätze und Satzglieder zu analysieren.

Für Satz 4.6.2.5 sieht das Ergebnis der formalen Satzanalyse wie folgt aus:

Der Hauptsatz besteht aus dem Subjekt *una migración*, dem Prädikat *hubo* und der adverbialen Bestimmung *de Galicia a Andalucía*. Diesem Hauptsatz vorangestellt findet sich der Partizipialsatz *acabada la Reconquista*, der aus dem Partizip *acabada* und dem direkten Objekt *la Reconquista* besteht.

Das Ergebnis der funktionalen Satzanalyse sieht für Satz 4.6.2.5 wie folgt aus:

Subjekt und Prädikat des Hauptsatzes (*hubo una migración*) sagen aus, dass es zu einer Wanderungsbewegung kam. Die abverbiale Bestimmung *de Galicia a Andalucía* gibt den Ausgangs- und Zielort dieser Bewegung an. Und der Partizipialsatz *acabada la Reconquista* gibt an, *wann* die im Hauptsatz genannte Handlung stattfand. Entscheidend für die Übersetzung ist, dass der Partizipialsatz als temporal - und nicht als kausal, modal usw. - eingestuft wird. Dies führt uns zu folgenden möglichen Übersetzungslösungen:

4.6.2.5 Acabada la Reconquista, hubo una migración de Galicia a Andalucía.
4.6.2.5a Nachdem die Reconquista beendet war, gab es eine Migration von Galicien nach Andalusien.
4.6.2.5b Als die Reconquista beendet war, fand eine Wanderungsbewegung von Galicien nach Andalusien statt.
4.6.2.5c Nach Beendigung der Reconquista gab es eine Migration von Galicien nach Andalusien.

Für den komplexen Übungssatz 4.6.3.12 sieht das Ergebnis der formalen Satzanalyse wie folgt aus:

Das Subjekt des Hauptsatzes ist *Mariza*, sein Prädikat ist *presentará*. Das direkte Objekt ist *su nuevo álbum Concerto em Lisboa*, und das indirekte Objekt ist *nos*. Diesem Hauptsatz ist ein Partizipialsatz vorangestellt, der aus dem Partizip *considerada* und dem direkten Objekt *una de las fadistas más importantes de Portugal*. Eine genauere Analyse des direkten Objekts ist an dieser Stelle nicht notwendig.

Das Ergebnis der funktionalen Satzanalyse sieht für Satz 4.6.3.12 wie folgt aus:

Das Subjekt des Hauptsatzes gibt an, *wer* etwas vorstellt, und das Prädikat, *dass* etwas vorgestellt wird. Das direkte Objekt sagt aus, *was* vorgestellt wird, und das indirekte Objekt, *wem* es vorgestellt wird. Der Partizipialsatz erklärt uns, wer Mariza ist bzw. als was sie gilt, das heißt, er übernimmt hier die Funktion eines Relativsatzes oder einer Apposition. Die übersetzungsrelevante Satzanalyse führt uns zu den folgenden Übersetzungsmöglichkeiten:

4.6.3.12 Considerada una de las fadistas más importantes de Portugal, Mariza nos presentará su nuevo álbum *Concerto em Lisboa.*
4.6.3.12a Mariza, die als eine der bedeutendsten Fado-Sängerinnen Portugals gilt, stellt uns ihr neues Album *Concerto em Lisboa* vor.
4.6.3.12b Mariza, eine der bedeutendsten Fado-Sängerinnen Portugals, präsentiert uns ihr neues Album *Concerto em Lisboa.*
4.6.3.12c Mariza gilt als eine der bedeutendsten Fado-Sängerinnen Portugals und stellt uns ihr neues Album *Concerto em Lisboa* vor.

Das spanische Futur muss nicht in jedem Fall mit deutschem Futur wiedergegeben werden. In vielen Fällen ist das deutsche Präsens ausreichend, oft auch idiomatischer. Ohne einen eindeutigen Kontext lässt sich diese Frage nicht definitiv beantworten. Wir können Satz 4.6.3.12 also auch mit Futur übersetzen:

4.6.3.12d Mariza, die als eine der bedeutendsten Fado-Sängerinnen Portugals gilt, wird uns ihr neues Album *Concerto em Lisboa* vorstellen.
4.6.3.12e Mariza, eine der bedeutendsten Fado-Sängerinnen Portugals, wird uns ihr neues Album *Concerto em Lisboa* präsentieren.
4.6.3.12d Mariza gilt als eine der bedeutendsten Fado-Sängerinnen Portugals und wird uns ihr neues Album *Concerto em Lisboa* vorstellen.

4.6.2 Einfache Übungssätze zu den Partizipialkonstruktionen

Gehen Sie bei der Übersetzung der nachfolgenden einfachen Übungssätze bitte wie folgt vor: (1) Führen Sie als erstes eine übersetzungsrelevante Satzanalyse durch. (2) Bestimmen Sie die Art der Partizipialkonstruktion und tragen Sie sie in die Spalte *Art* ein. (3) Schlagen Sie im entsprechenden Unterkapitel nach, welche Lösungsmöglichkeiten für die jeweilige Art der Partizipialkonstruktion angegeben sind. (4) Versuchen Sie für jeden der nachfolgenden Übungssätze, mehrere, syntaktisch verschiedene Übersetzungen zu erstellen. (5) Nehmen Sie eine stilistische Bewertung der verschiedenen von Ihnen angefertigten Übersetzungen vor.

Nr.	Übungssatz	Art
4.6.2.1	No quise salir hasta terminado el trabajo.	
4.6.2.2	Reanudó su marcha, más hundido que nunca.	
4.6.2.3	Terminadas las obras, hubo por fin tranquilidad en la casa.	
4.6.2.4	Antes de terminada la cena, el presidente dirigió unas palabras a los asistentes.	
4.6.2.5	Acabada la Reconquista, hubo una migración de Galicia a Andalucía.	
4.6.2.6	El padre de Juana, trasladado al extranjero por su jefe para un mes, volverá mañana.	

4.6.2.7	Terminados los estudios con tanto éxito, no tuvo problemas en encontrar un empleo.	
4.6.2.8	Hasta no descubierto este país, no comenzó esta nueva etapa en Europa.	
4.6.2.9	Los hoteles y pensiones ubicados cerca de la estación, no siempre tienen la mejor fama.	
4.6.2.10	La estudiante, convencida de que había estudiado bastante, se presentó al examen.	
4.6.2.11	La casa, vista desde cierta distancia, parece una casita de muñecas.	
4.6.2.12	Una vez terminados los deberes, iré a tu casa.	
4.6.2.13	Al llegar Teseo a Atenas, no quiso revelar inmediatamente su identidad a Egeo.	
4.6.2.14	Divorciada de Artie Shaw, Ava Gardner se dedicó a disfrutar del sexo y de la bebida sin ningún reparo.	
4.6.2.15	En el cuadro hay cinco mujeres de color rosa enredadas en unas cortinas azules y plateadas.	
4.6.2.16	Nos paramos un segundo concentrados en el instante y le pedí hacerle una foto.	
4.6.2.17	Destacaría a Ibon Aranberri, que es el único español seleccionado para la Documenta de Kassel.	
4.6.2.18	El mismísimo Harry el Sucio apareció como un fantasma surgido de la nada y nos atacó por sorpresa.	
4.6.2.19	Ali Bahar disfrutaba del suave sol de media tarde tumbado en una hamaca.	
4.6.2.20	La mayoría de los compañeros, si bien enviadas las invitaciones con suficiente antelación, no acudió a la fiesta.	

4.6.3 Komplexe Übungssätze zu den Partizipialkonstruktionen

Gehen Sie bei der Übersetzung der nachfolgenden komplexen Übungssätze bitte wie folgt vor: (1) Führen Sie als erstes eine übersetzungsrelevante Satzanalyse durch. (2) Bestimmen Sie die Art der Partizipialkonstruktion und tragen Sie sie in die Spalte *Art* ein. (3) Schlagen Sie im entsprechenden Unterkapitel nach, welche Lösungsmöglichkeiten für die jeweilige Art der Partizipialkonstruktion angegeben sind. (4) Versuchen Sie für jeden der nachfolgenden Übungssätze, mehrere, syntaktisch verschiedene Übersetzungen zu erstellen. (5) Nehmen Sie eine stilistische Bewertung der verschiedenen von Ihnen angefertigten Übersetzungen vor.

Nr.	Übungssatz	Art
4.6.3.1	Un equipo de arqueólogos dirigido por Mike Parker Pearson ha descubierto, en su última campaña de estudio, una serie de casas con suelo de arcilla.	
4.6.3.2	La regla dictada por San Benito de Nursia para el monasterio de Montecassino (529) establecía la máxima *ora et labora*, „reza y trabaja".	
4.6.3.3	Una vez establecidos los escandinavos en la costa occidental de Groenlandia, el descubrimiento del continente americano era algo inevitable.	
4.6.3.4	Acusada por el Gobierno mexicano de organizar el movimiento estudiantil de 1968 y, a la vez, repudiada por la izquierda, Elena Garro abandonó el país en 1972 y se trasladó a París, donde residió durante veinte años.	
4.6.3.5	Siete relatos eróticos cotidianos, pero sensuales y excitantes, protagonizados por hombres y mujeres de hoy, algunos narrados en primera persona.	
4.6.3.6	De todos los tópicos adjudicados a España en los últimos tiempos, quizás ninguno ha sido tratado tan burdamente y con tanta intensidad como el flamenco.	
4.6.3.7	La creencia falsa -mantenida en pie incomprensiblemente durante tantos años- de que los gitanos venían de Egipto está hoy totalmente superada.	
4.6.3.8	Consideramos, por tanto, que el flamenco, más o menos estructurado como hoy lo conocemos, se manifiesta en el último tercio del siglo XVIII.	
4.6.3.9	Ambientada en los albores de la guerra civil, se trata de una fascinante novela coral tejida de relatos que describen a la perfección la vida de un pueblo donde todos se conocen.	
4.6.3.10	¿Qué entendemos por Prehistoria del flamenco? Todo el período transcurrido desde sus orígenes hasta el momento de aparecer las primeras grabaciones.	
4.6.3.11	En esta novela, escrita con un lenguaje afilado, se adentra en un mundo rural carcomido por las miradas, las ideas sangrientas, las ideologías muertas y la demencia.	
4.6.3.12	Considerada una de las fadistas más importantes de Portugal, Mariza nos presentará su nuevo álbum *Concerto em Lisboa*.	

4.6.3.13	Convencido de que alguien a quien no conseguía ver se estaba burlando de su ignorancia, el beduino emitió un sordo mugido.	
4.6.3.14	Esa noche, perdido en mitad de una nada repleta de gente y de cosas, se vio obligado a dormir en el banco de un parque cubierto por unos periódicos en cuya primera plana aparecía, curiosamente, la foto del auténtico Osama bin Laden.	
4.6.3.15	En menos de veinte minutos, en su pintoresco y casi ininteligible inglés, y convenientemente ayudado por su solícita amante, Ali Bahar puso al corriente a Stand Hard del sinnúmero de sorprendentes aventuras que le habían acaecido.	

5 Die spanischen Verbalperiphrasen

Verbalperiphrasen sind für das Spanische charakteristisch. Auch im Deutschen gibt es Verbalperiphrasen, sie werden aber nicht so häufig benutzt und eher in der Schriftsprache verwendet. Verbalperiphrasen bestehen aus einem finiten Verb und einem infiniten Verb. Das infinite Verb kann entweder ein Infinitiv, ein *gerundio* oder ein Partizip sein.

Die Verbalperiphrasen rücken die *Handlung* in den Mittelpunkt der Aussage, in dem sie bestimmte Aspekte der Handlung betonen oder hervorheben. Während also die Handlung ins Licht gerückt wird, bleibt der Sprecher oder der Handelnde im Dunkeln.

In den Grammatiken wird der Ausdruck Verbalperiphrase in einem engeren und in einem weiteren Sinn gebraucht. Im weiteren Sinne bilden alle Konstruktionen vom Typ *finites Verb + infinites Verb* eine Verbalperiphrase. Im engeren Sinne bilden nur jene Konstruktionen aus finitem und infinitem Verb eine Verbalperiphrase, bei denen das finite Verb seine Grundbedeutung verliert. Behält hingegen das finite Verb seine Grundbedeutung spricht man von einer Semiperiphrase oder Halbperiphrase. Wir können jetzt prazisieren, dass es sich im Deutschen vor allem um Semiperiphrasen handelt.

Zum Beispiel gilt *empezar a + Infinitiv* nicht als Verbalperiphrase im engeren Sinne, da das Verb *empezar* seine Grundbedeutung (*beginnen, anfangen*) auch in der periphrastischen Konstruktion beibehält. Im Gegensatz dazu gilt das fast gleichbedeutende *ponerse a + Infinitiv* als „echte" Verbalperiphrase oder Verbalphrase im engeren Sinn. Denn das Verb *ponerse* wird im übertragenen Sinne verwendet und hat in der periphrastischen Konstruktion seine ursprüngliche Bedeutung (*anziehen, aufsetzen, anlegen*) verloren.

Im Folgenden verwende ich den Ausdruck Verbalperiphrase in seinem weiteren Sinne für alle Konstruktionen vom Typ *finites Verb + infinites Verb*.

Nur in den seltensten Fällen kann eine spanische Verbalperiphrase durch eine entsprechende deutsche Verbalperiphrase (Semiperiphrase) übertragen werden. Dies gilt besonders bei der Wiedergabe gesprochener Sprache in literarischen Werken. In den meisten Fällen wird die Funktion des finiten Verbs im Deutschen durch ein Adverb übersetzt. In einigen Fällen kann die spanische Verbalperiphrase aber auch im Deutschen durch ein einzelnes Verb ausgedrückt werden.

Die „unechten" Verbalperiphrasen (Verbalperiphrasen im weiteren Sinne) des Spanischen können in der Regel sehr leicht mit einer deutschen Verbalperiphrase wiedergegeben werden, siehe das Beispiel *empezar a hacer algo*, das mit *beginnen etwas zu tun* übersetzt werden kann. Aber nicht immer sind die Übersetzungen mit einer deutschen Verbalperiphrase auch wirklich idiomatisch, manchmal klingen sie einfach „übersetzt"; und dann ist es besser, andere Lösungen zu wählen.

Während wir im Spanischen die Kombination *finites Verb + infinites Verb* haben, bevorzugen wir im Deutschen in der Regel die Kombination *Adverb + finites Verb* oder nur ein *finites Verb*. Welches Adverb im Deutschen zu setzen ist, hängt von der Bedeutung der Verbalperiphrase ab. Manchmal bietet sich auch die Übersetzung mit einem Funktionsverbgefüge oder einer stehenden Redewendung an (z. B. *in Tränen ausbrechen*, vgl. 5.1.3). In einigen Fällen ist auch das Perfekt eine gute Lösung.

Die meisten Verbalperiphrasen drücken eine temporale Bestimmung aus. Es gibt aber auch Verbalperiphrasen, die sich auf eine subjektive Modalität beziehen; dies kann eine Möglichkeit (*poder + Infinitiv* oder *haber + Infinitiv*), eine Verpflichtung (*deber + Infinitiv, haber + Infinitiv* oder *tener que + Infinitiv*) oder eine Intention (*ir a + Infinitiv*) sein (Pérez-Rioja 1971, 327f.).

Verbalperiphrasen teilt man in verschiedene Kategorien ein, je nachdem, welchen Aspekt der Handlung sie hervorheben. Manche Verbalperiphrasen können auch mehrere Aspekte gleichzeitig in sich vereinen. Man unterscheidet (nach Fente Gómez 1976):

- **Inchoative Verbalperiphrasen** (*perífrasis incoativas*), die den Beginn einer Handlung hervorheben.
  Beispiele: *empezar a hacer, meterse a hacer.*
- **Terminative** oder **perfektive Verbalperiphrasen** (*perífrasis terminativas o perfectivas*), die das Ende oder die Beendigung einer Handlung hervorheben.
  Beispiele: *parar de hacer; terminar de hacer.*
- **Resultative Verbalperiphrasen** (*perífrasis resultativas*), die das Ergebnis einer Handlung hervorheben.
  Beispiel: *llegar a hacer; resolverse a haver.*
- **Durative Verbalperiphrasen** (*perífrasis durativas*), die die Dauer oder den Fortgang einer Handlung hervorheben.
  Beispiele: *continuar haciendo; seguir haciendo.*
- **Akkumulative Verbalperiphrasen** (*perífrasis acumulativas*), die hervorheben, dass durch die ausgedrückte Handlung etwas angehäuft wird.
  Beispiele: *ir hecho; llevar hecho.*
- **Iterative** oder **repetitive Verbalperiphrasen** (*perífrasis iterativas o repetitivas*), die hervorheben, dass die Handlung sich mehrmals wiederholt.
  Beispiele: *andar haciendo; volver a hacer.*
- **Approximative** oder **konjekturale Verbalperiphrasen** (*perífrasis aproximativas*, y *de la conjetura*), die eine Unsicherheit oder Vermutung im Hinblick auf die ausgedrückte Handlung hervorheben.
  Beispiele: *deber de hacer; venir a hacer.*
- **Exagerative** oder **hyperbolische Verbalperiphrasen** (*perífrasis exagerativas o hiperbólicas*), die eine Übertreibung der Handlung ausdrücken.
  Beispiele: *hartarse a hacer; hincharse de hacer.*

- **Obligative Verbalperiphrasen** (*perífrasis obligativas*), die ein Müssen oder Sollen in Bezug auf die Handlung ausdrücken.
  Beispiele: *quedar por hacer; tener por hacer.*

Am Ende dieser einführenden Worte sei vielleicht des besseren Verständnisses halber noch einmal kurz auf den Unterschied zwischen Modus, Tempus und Aspekt eingegangen.

Der Modus bezieht sich auf den Sprecher. Demgegenüber beziehen sich Tempus und Aspekt - in je unterschiedlicher Weise - auf die Handlung. Der Tempus gibt die zeitliche Relation zum Sprechmoment an, während der Aspekt zum Ausdruck bringt, auf welche Art und Weise sich eine Handlung vollzieht.

Der Aspekt beantwortet also unter anderem Fragen wie: Beginnt die Handlung oder endet sie? Beginnt sie plötzlich oder zögerlich? Dauert die Handlung an? Oder dauert das Ergebnis der Handlung an? Wiederholt sich die Handlung?

Zur Kennzeichnung dieser Handlungsaspekte nutzt die spanische Sprache ihr reichhaltiges Angebot an Verbalperiphrasen. Das Deutsche hingegen greift in erster Linie zu Adverbien, um die unterschiedlichen Aspekte einer Handlung zu charakterisieren.

Wir beschränken uns im Folgenden auf eine Besprechung der wichtigsten spanischen Verbalperiphrasen (im weiteren Sinne). In Kapitel 5.2 findet sich eine umfangreichere, aber ebenfalls nicht vollständige Liste von Verbalperiphrasen mit Infinitiv. Die Kapitel 5.5 und 5.7 fassen die Verbalperiphrasen mit Gerundium bzw. die Verbalperiphrasen mit Partizip zusammen.

5.1 Verbalperiphrasen mit Infinitiv

5.1.1 Volver a + Infinitiv

Die Verbalperiphrase *volver a + Infinitiv* hebt die Wiederholung einer Handlung hervor. In einigen Fällen kann man diese Verbalperiphrase mit *nochmals etwas tun* oder *wieder etwas tun* wiedergeben. In den meisten Fällen ist aber die Wiedergabe mit einem Adverb ohne Infinitiv vorzuziehen, wie die folgenden Beispiele zeigen:

5.1.1.1 María **volvió a** decirme que fuera puntual.
5.1.1.1a María sagte mir **wieder**, dass ich pünktlich sein sollte.
5.1.1.1b María sagte mir **erneut**, dass ich pünktlich sein sollte.
5.1.1.1c María sagte mir **noch einmal**, dass ich pünktlich sein sollte.
5.1.1.1d María sagte mir **schon wieder**, dass ich pünktlich sein sollte.

Während die Beispielsätze 5.1.1.1a, 5.1.1.1b und 5.1.1.1c eine eher neutrale Aussage wiedergeben, scheint der Sprecher von 5.1.1.1d durch Marías wiederholte Ermahnung schon etwas genervt zu sein. Satz 5.1.1.1d enthält eine Nebenbedeutung (Konnotation), die wir dem Ausgangssatz 5.1.1.1 nicht ohne Weiteres unterstellen dürfen. Es mag aber Kontexte geben, die die Interpretation der Genervtheit stützen. Dann ist es richtig und angemessen, dieses Gefühl durch ein Adverb wie *schon* zu versprachlichen.

Auch bei der Bewertung von Satz 5.1.1.2 spielt die psychologische Komponente eine entscheidende Rolle. Die Übersetzungen unterscheiden hinsichtlich der Versprachlichung dieser psychologischen Komponente, die bei Satz 5.1.1.2b vorliegt, während Satz 5.1.1.2a psychologisch neutral formuliert ist.

5.1.1.2 Antonio **volvió a** llegar tarde.
5.1.1.2a Antonio kam **wieder** zu spät.
5.1.1.2b Antonio kam **schon wieder** zu spät.

Auch bei Satz 5.1.1.3 ist das psychologische Moment spürbar, was sich auch in der Übersetzung ausdrückt.

5.1.1.3 ¡No **vuelvas a** llegar tarde!
5.1.1.3a Komm **nicht wieder** zu spät!

5.1.2 Ponerse a + Infinitiv

Die Verbalperiphrase *ponerse a + Infinitiv* hebt den Beginn einer Handlung hervor und kann mit *beginnen etwas zu tun* wiedergegeben werden.

5.1.2.1 A las tres de la tarde, Antonio **se puso a estudiar**.
5.1.2.1a Um drei Uhr nachmittags **begann** Antonio **zu lernen**.

Eine weitere Möglichkeit ist die Wiedergabe mit *sich ans … machen*:

5.1.2.1b Um drei Uhr nachmittags **machte sich** Antonio **ans Lernen**.

5.1.3 Echarse a + Infinitiv

Die Verbalperiphrase *echarse a + Infinitiv* hebt den plötzlichen Beginn einer Handlung hervor. Das Adverb *plötzlich* kann daher zur Verstärkung des Gemeinten zusätzlich verwendet werden, aber es reicht allein nicht aus. In der Regel ist ein vom Grundverb mit Hilfe einer Vorsilbe (Präfix) abgeleitetes Vollverb notwendig, zum Beispiel: *volar – fliegen – auffliegen*, oder *llorar – weinen, heulen – losweinen, losheulen*. Teilweise ist aber auch ein Funktionsverbgefüge von Nutzen.

Funktionsverbgefüge sind typisch für die deutsche Sprache. Es handelt sich dabei um eine Kombination aus einer Präposition, einem Substantiv und einem Verb. Dieses Gefüge übernimmt die Funktion eines Verbs, daher der Name. Für die meisten Funktionsverbgefüge gibt es einfache Verben mit der gleichen Bedeutung, zum Beispiel *ausdrücken* und *zum Ausdruck bringen*. Funktionsverbgefüge können aber auch spezifische Nuancen ausdrücken, für die im Spanischen Verbalperiphrasen verwendet werden, zum Beispiel *weinen* und *in Tränen ausbrechen*.

5.1.3.1 Cuando llegamos al parque, los pájaros **se echaron a volar**.
5.1.3.1a Als wir in den Park kamen, **flogen** die Vögel **auf**.
5.1.3.1b Als wir beim Park ankamen, **flogen** die Vögel **plötzlich auf**.

5.1.3.2 Al oír la noticia, Carmen **se echó a llorar**.
5.1.3.2a Als Carmen die Nachricht hörte, **brach** sie **in Tränen aus**.
5.1.3.2b Als Carmen die Nachricht hörte, **brach** sie **plötzlich in Tränen aus**.
5.1.3.2c Als Carmen die Nachricht hörte, **heulte** sie **los**.
5.1.3.2d Als Carmen die Nachricht hörte, **heulte** sie **plötzlich los**.

5.1.4 Llegar a + Infinitiv

Die Verbalperiphrase *llegar a + Infinitiv* wird in drei verschiedenen Bedeutungen verwendet. Erstens bedeutet sie, dass eine Handlung nicht vollständig realisiert wird; zweitens, dass sie (sogar) bis zu einem Extrem realisiert wird; und drittens, dass sie schließlich realisiert wird. Hierzu jeweils ein Beispiel:

5.1.4.1 Estuvo escuchando media hora, pero no **llegó a comprender** lo que decían.
5.1.4.1a Er hörte eine halbe Stunde zu, aber **es gelang ihm** nicht **zu verstehen**, was sie sagten.
5.1.4.1b Er hörte eine halbe Stunde zu, aber er **verstand einfach nicht**, was sie sagten.

5.1.4.2 Estaba tan furioso que **llegó a chillar** muy fuerte.
5.1.4.2a Er war so wütend, dass er **schließlich sogar** laut **schrie**.

5.1.4.3 Sólo entonces, el romanticismo **llegó a tener** importancia.
5.1.4.3a Erst dann **hat** die Romantik Bedeutung **bekommen**.

5.1.5 Acabar de + Infinitiv

Die Verbalperiphrase *acabar de + Infinitiv* hebt die unmittelbare Vergangenheit einer Handlung hervor und kann mit *gerade etwas getan haben* wiedergegeben werden. In vielen Fällen reicht es, die Bedeutung der spanischen Verbalperiphrase durch ein Adverb wie *gerade, kürzlich* oder *erst* wiederzugeben.

5.1.5.1 **Acababan de dar** las doce, cuando llegó el coche.
5.1.5.1a **Es war gerade** zwölf Uhr, als der Wagen ankam.

5.1.5.2 Los resultados **acababan de presentarse** en un artículo de la revista *Nature*.
5.1.5.2a Die Ergebnisse **wurden kürzlich** in einem Artikel der Zeitschrift *Nature* **veröffentlicht**.
5.1.5.2b Die Ergebnisse **wurden erst kürzlich** in einem Artikel der Zeitschrift *Nature* **veröffentlicht**.

5.1.5.3 Acabo de comer.
5.1.5.3a Ich **bin fertig mit dem Essen**.
5.1.5.3b Ich **habe gerade gegessen**.

5.1.6 Venir a + Infinitiv

Venir a + Infinitiv ist zum einen eine approximative Verbalperiphrase und hat zwei Bedeutungen: Erstens hebt sie hervor, dass eine Handlung *bestimmt, nützlich* oder *hilfreich* für etwas ist. Und zweitens hebt sie die Ungenauigkeit einer Handlung oder eines Sachverhalts hervor.

5.1.6.1 Dicen que la nueva ley **viene a resolver** el problema del paro.
5.1.6.1a Man sagt, dass das neue Gesetz **dazu bestimmt sei**, das Problem der Arbeitslosigkeit **zu lösen**.

5.1.6.2 Entre unas cosas y otras **viene a ganar** 2.000 euros al mes.
5.1.6.2a Alles in allem **verdient er etwa** 2.000 Euro im Monat.

Zum anderen kann *venir a + Infinitiv* als resultative Verbalperiphrase verwendet werden.

5.1.6.3 Ese argumento **vino a confirmar** mis sospechas.
5.1.6.3a Dieses Argument **hat** mein Misstrauen **dann doch bestätigt**.
5.1.6.3b Dieses Argument **hat** meinen Verdacht **schließlich doch bestätigt**.

5.1.7 Deber (de) + Infinitiv

Die Verbalperiphrase *deber (de) + Infinitiv* hebt die Ungenauigkeit einer Handlung hervor und kann mit Adverbien wie *sicher, wahrscheinlich, vermutlich, vielleicht, in etwa* wiedergegeben werden. Oder es kann eine Wendung wie *es muss wohl so (gewesen) sein* oder *er/sie/es muss wohl* verwendet werden.

5.1.7.1 ¿Qué hora es? **Deben (de) ser** las doce.
5.1.7.1a Wieviel Uhr ist es? **Es muss wohl** zwölf Uhr **sein**.
5.1.7.1b Wieviel Uhr ist es? **Es müsste ungefähr** zwölf Uhr **sein**.
5.1.7.1c Wieviel Uhr ist es? **Etwa** zwölf Uhr.

5.1.8 Soler + Infinitiv

Die Verbalperiphrase *soler + Infinitiv* hebt die Gewohnheit einer Handlung hervor und kann mit *etwas zu tun pflegen* umschrieben werden. In vielen Fällen reicht aber auch die Verwendung eines Adverbs wie *oft, häufig, meistens* oder *stets.*

5.1.8.1 Antes **solía ir** al cine, pero ya no va.
5.1.8.1a Früher **ging er stets** ins Kino, aber heute nicht mehr.
5.1.8.1b Früher **ging er oft** ins Kino, aber heute nicht mehr.

5.1.8.2 Se **suele beber** agua.
5.1.8.2a Man **pflegt**, Wasser **zu trinken**.
5.1.8.2b Man **trinkt meistens** Wasser.
5.1.8.2c Man **trinkt in der Regel** Wasser.

5.1.9 Ir a + Infinitiv

Die Verbalperiphrase *ir + a + Infinitiv* wird auch als nahe Zukunft (*futuro próximo; futuro intencional*) bezeichnet, wenn das finite Verb *ir* im Präsens steht (*voy a hacer*). Steht es im Imperfekt, gilt es als Ersatz für das Konditional (*iba a hacer*), das man auch als Futur der Vergangenheit bezeichnet.[1] Im ersten Fall ist eine Handlung geplant und steht unmittelbar bevor, im zweiten Fall war eine Handlung zumindest geplant. In beiden Fällen bleibt offen, ob die Handlung tatsächlich durchgeführt wird bzw. wurde.

5.1.9.1 ¿Qué **va a hacer**?
5.1.9.1a Was **wird er tun**?
5.1.9.1b Was **will er tun**?
5.1.9.1c Was **hat er vor**?

5.1.9.2 ¿Qué **iba a hacer**?
5.1.9.2a Was **wollte er tun**?
5.1.9.2b Was **hatte er vor**?

Als Ersatz für das Konditional wird die Umschreibung *iba a hacer* vor allem verwendet, um den *condicional simple* in der indirekten Rede und das *condicional compuesto* bei rhetorischen Fragen zu ersetzen.

5.1.9.3 Me prometió que no **iba a decir** nada a nadie.
5.1.9.3a Er hat mir versprochen, dass **er** niemandem etwas **sagen würde**.
5.1.9.3b Er hat mir versprochen, niemandem etwas **zu sagen**.

5.1.9.4 Pensé que **ibas a venir** a la fiesta.
5.1.9.4a Ich dachte, dass **du** zum Fest **kommen würdest**.
5.1.9.4b Ich dachte, **du würdest** zum Fest **kommen**.

5.1.9.5 ¿Cómo lo **iba a saber** yo?
5.1.9.5a Wie **hätte** ich es **wissen können**?

5.1.9.6 ¿Cómo lo **iba a hacer** yo?
5.1.9.6a Wie **hätte** ich es **machen sollen**?

5.1.10 Dejar de + Infinitiv

Die Verbalperiphrase *dejar de + Infinitiv* hebt hervor, dass eine Handlung nicht mehr weiter ausgeführt wird, und kann mit *aufhören etwas zu tun* umschrieben werden. Auch die Verwendung des Adverbs *nicht mehr* ist möglich, ist aber mit Vorsicht zu genießen, wie Satz 5.1.10.1b zeigt.

5.1.10.1 **Deja de trabajar**.
5.1.10.1a **Er hört auf zu arbeiten**.
*5.1.10.1b **Er arbeitet nicht mehr**.

---

1 Die Verbalperiphrase *ir a + Infinitiv* kann das Konditional nicht in allen seinen temporalen und modalen Funktionen ersetzen.

Die Sätze 5.1.10.1a und 5.1.10.1b sagen nicht dasselbe aus: Entweder arbeitet er nicht mehr, dann kann er nicht mehr aufhören zu arbeiten, weil er schon längst aufgehört hat; oder er hört gerade auf zu arbeiten, dann wäre es fasch zu behaupten, er würde nicht mehr arbeiten. Wird das finite Verb *dejar* also im Präsens benutzt, ist von einer Übersetzung mit dem Adverb *nicht mehr* abzuraten.

Anders sieht es aus, wenn das finite Verb *dejar* im *Pasado Simple* (*Indefinido*) steht. Dann ist es durchaus möglich, das Adverb *nicht mehr* zu verwenden. In diesem Fall sollte aber aufgrund des resultativen Aspekts des *Pasado Simple* im Deutschen das Präsens verwendet werden.

5.1.10.2 **Dejó de trabajar**.
5.1.10.2a **Er hörte auf zu arbeiten**.
5.1.10.2b **Er arbeitet nicht mehr**.

5.1.11 Atreverse a + Infinitiv

Die Verbalperiphrase *atreverse a + Infinitiv* hebt auf den zu einer Handlung notwendigen Mut oder Entschluss ab und kann mit *wagen etwas zu tun* oder *sich trauen etwas zu tun* umschrieben werden.

5.1.10.1 El platero no **se atrevió a** negarse.
5.1.10.1a Der Silberschmied **wagte es nicht**, nein zu sagen.
5.1.10.1b Der Silberschmied **wagte nicht**, nein zu sagen.
5.1.10.1c Der Juwelier **traute sich nicht**, es abzulehnen.

5.2 Übersicht über die Verbalperiphrasen mit Infinitiv

Verbalperiphrase	Bedeutung und deutsche Übersetzung
acabar de + Infinitiv	terminativ; unmittelbare Vergangenheit bzw. unmittelbarer Abschluss einer Handlung a) gerade etwas getan haben; soeben, eben, kürzlich b) in Verbindung mit *pasado simple* oder *perfecto*: fertig sein mit, endgültig etwas tun c) als Semiperiphrase: aufhören zu, endlich fertig sein mit
acabar por + Infinitiv	terminativ und resultativ; unerwarteter Abschluss eines Handlungsverlaufs zum Schluss dann doch etwas tun; schließlich doch; dann doch; irgendwann einmal doch noch
acertar a + Infinitiv	resultativ; Gelingen nach Anstrengung oder auch zufällig sich ereignende Handlung zufällig; glücklicherweise

acostumbrarse a + Infinitiv	iterativ; Gewohnheit pflegen zu tun; meistens tun; gewöhnlich tun
alcanzar a + Infinitiv	terminativ; mühevolle Vollendung der Handlung zum Schluss; am Ende doch noch; endlich
bastar con + Infinitiv	obligativ; Ersparnis der Mühe man braucht nur zu tun; es reicht zu tun; es genügt, wenn man
cansarse de + Infinitiv	hyperbolisch; einer Sache überdrüssig sein etwas satt haben; nicht genug haben von; leid sein; immer wieder; immer nur
comenzar a + Infinitiv	inchoativ; Beginn einer Handlung (einfach) beginnen zu tun
comenzar por + Infinitiv	inchoativ; Beginn eines Handlungsverlaufs zuerst tun
conseguir + Infinitiv	resultativ; Ergebnis einer Handllung aufgrund persönlicher Anstrengung schließlich doch gelingen; schließlich doch erreichen
dar en + Infinitiv	inchoativ und iterativ; plötzlich beginnende und sich wiederholende Handlung plötzlich; auf einmal; einfach so; beginnen immer wieder etwas zu tun
deber de + Infinitiv	approximativ; Wahrscheinlichkeit, Vermutung, Ungenauigkeit sicher; wahrscheinlich; vermutlich; vielleicht; in etwa; es muss wohl so (gewesen) sein; er/sie/es muss wohl
dejar de + Infinitiv	terminativ; Handlungsende zeitlich: etwas nicht mehr tun; aufhören etwas zu tun Aufforderung: unverzüglich etwas tun Aufmunterung: ruhig etwas tun; nicht versäumen zu tun Annäherung: irgendwo sein; irgendwie haben; nicht eines gewissen ... entbehren; nicht un-(Adjektiv) sein
dejarse de + Infinitiv	terminativ; Handlungsende endlich mit etwas aufhören; von etwas ablassen doch; endlich

disponerse a + Infinitiv	inchoativ; sich vorbereiten auf etwas im Begriff sein zu; sich anschicken zu; Anstalten machen zu gerade; schon; in dem Moment; in dem Augenblick
echar a + Infinitiv	inchoativ; plötzlicher Beginn einer Handlung meist in Verbindung mit Verben wie *andar, correr, nadar, volar* plötzlich; urplötzlich; sofort
echarse a + Infinitiv	inchoativ; plötzlicher Beginn einer Handlung meist in Verbindung mit Verben wie *llorar, reír, temblar* plötzlich; urplötzlich; sofort;
empeñarse en + Infinitiv	inchoativ; beabsichtigter Beginn einer Handlung unbedingt tun wollen; darauf bestehen, etwas zu tun; nicht davon abzubringen sein, etwas zu tun. vergebens; unbedingt; mit Nachdruck; durchaus
empezar a + Infinitiv	inchoativ; Beginn einer Handlung jetzt; gerade
empezar por + Infinitiv	inchoativ; Beginn eines Handlungsverlaufs zuerst einmal tun; vor allem tun
entrar a + Infinitiv	inchoativ; Beginn bei abstrakten oder geistigen Prozessen jetzt
gustar de + Infinitiv	hyperbolisch; Ausdruck der Vorliebe zu tun belieben, gern tun; gern; immer gern; oft gern
haber de + Infinitiv	obligativ; Notwendigkeit oder schicksalhaftes Geschehen müssen; sollen
hartarse a + Infinitiv	hyperbolisch; übermäßige, übertriebene Handlung unheimlich viel; furchtbar viel
hartarse de + Infinitiv	hyperbolisch; übermäßige, übertriebene Handlung unheimlich viel; furchtbar viel
hastiarse + Infinitiv	hyperbolisch; einer Sache überdrüssig sein allmählich satt haben

hincharse de + Infinitiv	hyperbolisch; bis zum Gehtnichtmehr tun unheimlich viel; wahnsinnig viel
ir a + Infinitiv	inchoativ; gleich tun wollen (*futuro intencional*); im *imperfecto* Ersatz für Konditional/Futur der Vergangenheit (iba a + *infinitivo*) gleich; bald; sofort; so schnell wie möglich; demnächst; (perfektive Vergangenheit) zufällig; ausgerechnet
lanzarse a + Infinitiv	inchoativ; plötzlicher, unerwarteter Beginn einer Handlung; umgangssprachliche Variante für echarse a + Infinitiv
largarse a + Infinitiv	inchoativ; plötzlicher, unerwarteter Beginn einer Handlung; regionale Variante für echarse a + Infinitiv
liarse a + Infinitiv	inchoativ; Beginn einer unüberlegten Handlung sich in etwas verwickeln, sich auf etwas einlassen; lang und intensiv etwas tun lange; unaufhörlich; wahnsinnig viel tun
llegar a + Infinitiv	terminativ und resultativ so weit gehen, etwas zu tun; schließlich etwas tun; gelingen; es schaffen; sogar tun; zum Schluss doch tun; dann doch tun schließlich; sogar; erst
lograr + Infinitiv	resultativ; persönliche Anstrengung schließlich doch gelingen; schließlich doch erreichen
llevar sin + Infinitiv	durativ; Dauer eines Zustands; Andauern der Unterlassung einer Handlung schon seit ... nicht mehr;
meterse a + Infinitiv	inchoativ; anfangen, etwas zu tun, ohne die nötigen Kenntnisse dazu zu haben; auch: unbefugte Handlung einfach etwas tun
parar de + Infinitiv	terminativ; ununterbrochen; unaufhörlich; ständig; fortwährend; nicht immer; aufhören, etwas zu tun verneint: nicht aufhören können zu tun
pasar a + Infinitiv	inchoativ; zu etwas übergehen jetzt, nun

ponerse a + Infinitiv	inchoativ; beginnen zu tun jetzt; nun; endlich einmal
quedar en + Infinitiv	terminativ und resultativ; elliptisch für *quedar de acuerdo en* + Infinitiv ausmachen; dabeibleiben; vereinbaren; beschließen
quedar por + Infinitiv	obligativ; noch tun müssen; leider nicht mehr tun können noch; erst
quedarse sin + Infinitiv	terminativ; Betonung des negativen Ergebnisses einer Handlung nach wie vor; immer noch
resolverse a + Infinitiv	resultativ; sich entschließen, (doch) etwas zu tun
romper a + Infinitiv	inchoativ; plötzlicher Beginn einer Handlung plötzlich; aus heiterem Himmel; unerwartet; unverhofft
seguir sin + Infinitiv	durativ; fortbestehender Verlauf einer negativ bewerteten Handlung immer noch nicht
soler + Infinitiv	iterativ; zu tun pflegen; gewohnt sein zu tun meistens; normalerweise; gewöhnlich; oft
tardar en + Infinitiv	obligativ; noch ausstehende Handlung auf sich warten lassen; lange
no tardar en + Infinitiv	inchoativ; unmittelbar bevorstehende Handlung bald tun; bald geschehen sofort; jeden Augenblick; sogleich noch tun müssen
tener por + Infinitiv	obligativ noch tun müssen
tener sin + Infinitiv	obligativ; noch ausstehende Handlung noch nicht getan haben
terminar de + Infinitiv	terminativ; unmittelbare Vergangenheit bzw. unmittelbarer Abschluss einer Handlung gerade etwas getan haben; soeben, eben, kürzlich
terminar por + Infinitiv	terminativ; unerwarteter Abschluss eines Handlungsverlaufs zum Schluss dann doch etwas tun; schließlich doch; dann doch; irgendwann einmal doch noch

tornar a + Infinitiv	iterativ; Wiederholung einer Handlung wieder; erneut; nochmals
venir a + Infinitiv	approximativ; ungefähre Angabe ungefähr; mehr oder weniger; circa; in etwa resultativ; erwartetes Ergebnis einer Handlung schließlich doch; doch noch
venir de + Infinitiv	terminativ; Angabe zu einer kurz zuvor gemachten Handlung gerade jetzt; soeben
volver a + Infinitiv	iterativ; Wiederholung und Wiederherstellung; nochmals, wieder, noch einmal tun abermals; nochmals; erneut; wieder; noch einmal; wiederum; von neuem; aus neue
volver de + Infinitiv	terminativ; Semiperiphrase; zurückkommen von der Ausübung einer Tätigkeit soeben

5.3 Übungen zu den Verbalperiphrasen mit Infinitiv

5.3.1 Übersetzungsrelevante Satzanalyse

Bevor Sie sich an die Übersetzung der nachfolgenden Übungssätze zu den Verbalperiphrasen mit Infinitiv machen, sollten Sie eine übersetzungsrelevante Satzanalyse durchführen, um sich deren syntaktische Struktur zu vergegenwärtigen und die Funktion der einzelnen Teilsätze und Satzglieder zu analysieren.

Bei den Verbalperiphrasen mit Infinitiv unterscheidet sich die formale Satzanalyse erheblich von der funktionalen Satzanalyse. Bei der formalen Satzanalyse wird die Verbalperiphrase derart aufgespalten, dass das finite Verb dem einen Gliedsatz und das infinite Verb dem anderen Gliedsatz zugeordnet wird. Das finite Verb ist also in der Regel das Prädikat des Hauptsatzes, während das infinite Verb zusammen mit dem Objekt zu einem Nebensatz gehört. Dieser Unterschied lässt sich für das Auffinden angemessener Übersetzungslösungen fruchtbar machen.

Für Satz 5.3.2.1 sieht das Ergebnis der formalen Satzanalyse wie folgt aus:

Der Hauptsatz ist: *Pedro empieza,* wobei *Pedro* das Subjekt und *empieza* das Prädikat ist. Der daran angeschlossene infinitivische Nebensatz besteht aus der Präposition *a,* die den Anschluss zum Hauptsatz herstellt, aus dem Prädikat *ir* und der adverbialen Bestimmung *a la piscina.*

Satz 5.3.2.2 ist syntaktisch ganz ähnlich gebaut wie Satz 5.3.2.1:

Pedro ist das Subjekt, *acaba* das Prädikat des Hauptsatzes. Der daran angeschlossene infinitivische Nebensatz besteht aus der Präposition *de*, die den Anschluss zum Hauptsatz herstellt, aus dem Prädikat *llegar* und der adverbialen Bestimmung *de la piscina*.

Nun sollte man annehmen, dass bei Gleichheit der syntaktischen Struktur auch die Übersetzungen syntaktisch nach demselben Muster gestrickt sein müssten. Dies ist aber gerade nicht der Fall:

5.3.2.1a Pedro fängt an, ins Schwimmbad zu gehen.
*5.3.2.2a Pedro hört auf, aus dem Schwimmbad zu kommen.

Während die Übersetzung 5.3.2.1a noch den üblichen Sprachverwendungsmustern der deutschen Umgangssprache folgt, ist dies bei 5.3.2.2a nicht der Fall. So sprechen wir nicht. Wir würden den im spanischen Satz gemeinten Sachverhalt anders ausdrücken. Wie? Das wird sich nach der funktionalen Satzanalyse zeigen.

Für Satz 5.3.2.1 sieht das Ergebnis der funktionalen Satzanalyse wie folgt aus: Wer vollzieht die Handlung: *Pedro*. Welche Handlung vollzieht Pedro: *empieza a ir*. Welcher Aspekt der Handlung wird durch die Verbalperiphrase fokussiert: Der Beginn der Handlung (inchoativer Aspekt). Wohin geht Pedro: *a la piscina*.

Das Eigentümliche der Verbalperiphrase *empezar a ir* ist, dass das finite Verb *empieza* die Funktion übernimmt, die Handlung des Gehens (*ir*) näher zu bezeichnen. Dadurch wird zweierlei deutlich: Erstens geht es nicht um die Handlung des Anfangens (*empezar*) an sich, und zweitens geht es auch nicht um die Handlung des Gehens an sich. Vielmehr geht es darum hervorzuheben, dass das Einsetzen der Handlung des Gehens der entscheidende Gesichtspunkt ist, den der Sprecher seinem Kommunikationspartner mitteilen möchte: Nicht, *dass* Pedro ins Schwimmbad geht, ist erwähnenswert, sondern dass er *ab jetzt* ins Schwimmbad geht. *Ab jetzt* ist eine adverbiale Bestimmung, die genau diesen inchoativen Aspekt einer Handlung auszudrücken vermag.

Ganz ähnlich sieht das Ergebnis der funktionalen Satzanalyse für Satz 5.3.2.2 aus: Wer vollzieht die Handlung: *Pedro*. Welche Handlung vollzieht Pedro: *acaba de llegar*. Welcher Aspekt der Handlung wird durch die Verbalperiphrase fokussiert: Das Ende der Handlung (terminativer Aspekt). Woher kommt Pedro: *de la piscina*.

Bei der Verbalperiphrase *acabar de llegar* ist es ähnlich wie bei der oben besprochenen Verbalperiphrase. Das finite Verb *acaba* hat die Funktion, die Handlung des Kommens (*llegar*) näher zu bezeichnen. Damit ist klar, dass es weder um die Handlung des Aufhörens (*acabar*) an sich noch um die Handlung des Kommens an sich geht. Vielmehr geht es darum hervorzuheben, dass die Beendigung der Handlung des Kommens der mitzuteilende Gesichtspunkt ist: Nicht, *dass* Pedro vom Schwimmbad kommt, ist erwähnenswert, sondern dass er *gerade* vom Schwimmbad gekommen ist. *Gerade* ist – in Verbindung mit dem Perfekt – ein Adverb, das genau diesen terminativen Aspekt einer Handlung auszudrücken vermag.

Nimmt man die funktionale Satzanalyse als Ausgangspunkt für die Übersetzung kommt man zu den folgenden Lösungen:

5.3.2.1b Pedro geht **ab jetzt** ins Schwimmbad.
5.3.2.2b Pedro ist **gerade** aus dem Schwimmbad gekommen.
*5.3.2.2c Pedro kommt **gerade** aus dem Schwimmbad.

Geht man vom terminativen Aspekt der Verbalperiphrase *acabar de llegar* aus, ist eine Übersetzung mit *gerade + Präsens* wie in Satz 5.3.2.2c nicht angemessen. Deshalb ist diese Lösung mit einem Sternchen versehen.

Das Beispiel dieser beiden Verbalperiphrasen *empezar a hacer* und *acabar de hacer* zeigt, dass die formale Satzanalyse zu anderen Ergebnissen als die funktionale Satzanalyse führt oder führen kann. Eine reine formale Satzanalyse reicht also nicht aus und muss durch eine funktionale Satzanalyse ergänzt werden, wenn es darum geht, Verbalperiphrasen zu übersetzen, für die sich im Deutschen keine Infinitivlösungen anbieten.

5.3.2 Übungssätze zu den Verbalperiphrasen mit Infinitiv

Gehen Sie bei der Übersetzung der nachfolgenden Übungssätze bitte wie folgt vor: (1) Führen Sie als erstes eine übersetzungsrelevante Satzanalyse durch. (2) Bestimmen Sie die Art der Verbalperiphrase mit Infinitiv und tragen Sie sie in die Spalte *Art* ein. (3) Schlagen Sie im entsprechenden Unterkapitel nach, welche Lösungsmöglichkeiten für die jeweilige Art der Verbalperiphrase mit Infinitiv angegeben sind. (4) Versuchen Sie für jeden der nachfolgenden Übungssätze, mehrere, syntaktisch verschiedene Übersetzungen zu erstellen. (5) Nehmen Sie eine stilistische Bewertung der verschiedenen von Ihnen angefertigten Übersetzungen vor.

Nr.	**Übungssatz**	**Art**
5.3.2.1	Pedro empieza a ir a la piscina.	
5.3.2.2	Pedro acaba de llegar de la piscina.	
5.3.2.3	Al final, se puso a leer el libro.	
5.3.2.4	Cuando vio al policía, echó a correr.	
5.3.2.5	Ensayó tanto, que llegó a ser un pianista famoso.	
5.3.2.6	Mi madre solía escuchar la música de Bach.	
5.3.2.7	El alquiler de la vivienda viene a costar 900 euros al mes.	
5.3.2.8	Armstrong volvió a ganar el Tour de France.	
5.3.2.9	Este estudio viene a demostrar la utilidad del nuevo medicamento.	
5.3.2.10	Sus argumentos no llegan a convencerla, aunque él lleva una hora hablando.	

5.3.2.11	Se echó a reír.	
5.3.2.12	¿Qué volvió a hacer?	
5.3.2.13	¿Qué vino a hacer?	
5.3.2.14	¿Qué llegaron a hacer?	
5.3.2.15	Pedro fue a abrazar su mujer.	
5.3.2.16	El soldado no se atrevió a mirarlo.	
5.3.2.17	Cuando la escasez de cereales se hizo patente, el pueblo comenzó a protestar contra el emperador.	
5.3.2.18	Pedro se echó a dormir.	
5.3.2.19	La niña llegará a ser una princesa siciliana.	
5.3.2.20	Frank Sinatra y Ava Gardner llegaron a casarse en 1951.	
5.3.2.21	James Joyce no empezó a trabajar en su Ulises hasta 1914.	
5.3.2.22	Picasso logró suprimir la expresión emocional y la complacencia embellecedora habitual en los retratos convencionales.	
5.3.2.23	Nada puede ocupar titulares por mucho tiempo, seguramente cuando llegue el fin del mundo dejarán de escribir sobre él a las dos semanas.	
5.3.2.24	Como continuemos por ese camino, es más que posible que nunca consiga derrotarnos, pero sí llevarnos a la ruina.	
5.3.2.25	La principal razón de que dejara de colaborar en *Babelia* fue porque no me sentía cómodo escribiendo una obra propia contemporánea al mismo tiempo que valoraba la de mis contemporáneos.	
5.3.2.26	Si todo cuadro era una especie de ventana abierta, una obra como *Olimpia* habrá de ser considerada necesariamente como un escaparate.	
5.3.2.27	Como no lo hacían caso, el bebé se echó a llorar.	
5.3.2.28	Con el teléfono podrás pedir ayuda. Te bastará con conectarlo y por medio del satélite nos localizarán en el acto y vendrán a buscarnos.	
5.3.2.29	Su padre asintió repetidas veces, y acabó por señalar seguro, como siempre, de sí mismo: "¡Ay, hijo querido! Me temo que eso significa que estás muerto."	
5.3.2.30	Todavía seguimos hoy sin saber apenas qué es el flamenco pero sí es posible saber dónde está en cada uno de nosotros.	

5.3.2.31	–¿Quiere oír noticias importantes? Picasso y yo vamos a dejar de vivir juntos–, escribía Fernande Olivier.	
5.3.2.32	Lo escrito por Salmon habría de esperar veinte años para tener repercusiones.	
5.3.2.33	Sabíamos que el disco iba a tener tirón, pero al número uno tampoco le dimos mucha importancia.	
5.3.2.34	La mayoría de las agencias de viaje que programan las estancias de grupos de turistas en Madrid no dejarán nunca de incluir en su repertorio una excursión a Toledo.	
5.3.2.35	Grabamos dos discos, pero apenas nos llegó a escuchar la gente de Huelva. Y, además, no llegamos a actuar nunca.	
5.3.2.36	Yo no tenía ni idea de que todo esto iba a acabar en un disco porque llevo solamente cantando casi dos años.	
5.3.2.37	En breve, comienzas a rodar tu primer largometraje. ¿Por qué ha tardado tanto en llegar?	
5.3.2.38	Vivimos de hacer conciertos y si no hubiera Internet no iríamos a tocar a Sudamérica.	
5.3.2.39	–Perdone que le moleste, señor –dijo–. Pero lamento comunicarle que acaban de llegar malas noticias.	
5.3.2.40	Por la razón que fuera la donación no se produjo, y la obra pasó a formar parte de la decoración del lujoso apartamento del modisto Jacques Doucet en Neuilly.	

5.4 Verbalperiphrasen mit Gerundium

5.4.1 Acabar + gerundio

Acabar + *gerundio* ist eine perfektive Verbalperiphrase, die den unerwarteten Abschluss eines Handlungsverlaufs hervorhebt. Sie drückt aus, dass man *etwas schließlich doch tut*.

5.4.1.1 El ministro español **acabó aceptando** la propuesta de su colega francés.

5.4.1.1a Der spanische Minister **nahm schließlich** den Vorschlag seines französischen Amtskollegen **an**.

5.4.1.2 La lectura de la nueva novela de Pérez-Reverte **acaba cansando** al lector.

5.4.1.2a Die Lektüre des neuen Romans von Pérez-Reverte **ermüdet** den Leser.

5.4.1.2b Der Leser **wird** der Lektüre des neuen Romans von Pérez-Reverte **schließlich überdrüssig**.

Es ist zu beachten, dass der Satz in 5.4.1.2b eine bestimmte Bedeutungsnuance erhält, die über die Aussage von 5.4.1.2a hinausgeht. Je nach Kontext kann aber genau dies mit der spanischen Verbalperiphrase gemeint sein.

5.4.2 Andar + gerundio

Andar + *gerundio* ist eine iterative Verbalperiphrase, die hervorhebt, dass eine Handlung wiederholt ausgeführt wird oder zu einer (vorübergehenden) Gewohnheit geworden ist. Ort und Zeit der Handlung bleiben meist unbestimmt, aber es soll deutlich werden, dass der Handlung eine gewisse Intensität oder Hartnäckigkeit innewohnt.

5.4.2.1 ¿Qué **andas haciendo**?
5.4.2.1a Was **bist du gerade dabei zu tun**?
5.4.2.1b Was **machst du gerade**?
5.4.2.1c Was **tust du so**?
5.4.2.1d Was **tust du schon wieder**?

5.4.2.2 Desde hace unas semanas, Pedro **anda buscando** trabajo.
5.4.2.2a Seit einigen Wochen **sucht** Pedro Arbeit.
5.4.2.2b Seit einigen Wochen **ist** Pedro **auf** Arbeits**suche**.

5.4.2.3 Estoy cansadísima porque en las últimas semanas **ando durmiendo** menos de seis horas.

5.4.2.3a Ich bin hundemüde, weil ich in den letzten Wochen weniger als sechs Stunden **schlafe**.

5.4.3 Comenzar + gerundio

Comenzar + gerundio ist eine inchoative Verbalperiphrase, die den Beginn eines Handlungsverlaufs hervorhebt. Man kann sie mit *zunächst einmal tun* oder *zuerst tun* wiedergeben.

5.4.3.1 Quiero **comenzar diciendo** que la traductología es una disciplina muy joven.
5.4.3.1a **Zunächst** möchte ich **einmal sagen**, dass die Übersetzungswissenschaft eine sehr junge Disziplin ist.

5.4.3.2 El juez **comenzó preguntando** al reo si tenía antecedentes penales.
5.4.3.2a **Als erstes fragte** der Richter den Angeklagten, ob er Vorstrafen habe.
5.4.3.2b Der Richter **fragte** den Angeklagten **zunächst** nach seinen Vorstrafen.

5.4.4 Continuar + gerundio

Continuar + gerundio ist eine durative Verbalperiphrase, die die zustandhafte Fortdauer eines Handlungsverlaufs hervorhebt. Eine ähnliche Bedeutung hat *seguir + gerundio*. Man kann sie mit *immer noch tun* oder *weiterhin tun* wiedergeben.

5.4.4.1 **Continúa tocando** la guitarra y cada día le gusta más.
5.4.4.1a **Er spielt immer noch** Gitarre, und es macht ihm jeden Tag mehr Spaß.
5.4.4.1b **Er spielt weiterhin** Gitarre, und es gefällt ihm jeden Tag besser.

5.4.4.2 A pesar de que ya no es estudiante, Manuel **continúa participando** en las actividades de la universidad.
5.4.4.2a Obwohl Manuel kein Student mehr ist, **nimmt er weiterhin** an den Aktivitäten der Universität **teil**.

5.4.5 Echarse + gerundio

Echarse + gerundio ist eine durative Verbalperiphrase, die hervorhebt, dass eine Handlung über einen gewissen Zeitraum hinweg oder ununterbrochen ausgeführt wird.

5.4.5.1 Estaba tan agotado que **se echó durmiendo** más de veinte horas.
5.4.5.1a Er war so erschöpft, dass er **sich hinlegte und** mehr als zwanzig Stunden **schlief**.
5.4.5.1b Er war so fertig, dass er mehr als zwanzig Stunden **schlief**.

5.4.6 Ir(se) + gerundio

Ir + gerundio ist eine durative Verbalperiphrase, die den progressiven Verlauf und das Fortschreiten einer Handlung hervorhebt. Sie kommt auch in der reflexiven

Form *irse + gerundio* vor und drückt in beiden Varianten aus, dass man etwas *allmählich, nach und nach* oder *mit der Zeit* tut. Die Verbalperiphrase weist oft auch auf den *langsamen*, weil anstrengenden Verlauf einer Handlung hin, an deren Ende ein Gefühl der Erleichterung steht.

5.4.6.1 Ya lo **iré aprendiendo**.
5.4.6.1a **Mit der Zeit** werde ich es schon lernen.

5.4.6.2 Fue difícil pero lo **fuimos haciendo**.
5.4.6.2a Es war schwer, aber **es ist uns langsam gelungen**.
5.4.6.2b Es war schwer, aber **es ist uns nach und nach gelungen**.

5.4.6.3 **Vete escribiendo** estas cartas, que yo vuelvo enseguida y te ayudo.
5.4.6.3a **Fang schon mal an** die Briefe **zu schreiben**, ich komme gleich wieder und helfe dir dabei.
5.4.6.3b **Setz' dich schon mal an** die Briefe, ich komme gleich wieder und helfe dir dabei.

5.4.6.4 Se **iba haciendo** tarde.
5.4.6.4a Es **wurde allmählich** spät.

5.4.7 Llevar + gerundio

Llevar + gerundio ist eine durative Verbalperiphrase, die den Verlauf oder die Dauer einer Handlung hervorhebt, wobei deren Beginn stillschweigend mitgedacht ist. Sie drückt aus, dass man *etwas schon lange* oder *eine Zeitlang tut*.

5.4.7.1 **Llevo trabajando** quince años en esta empresa.
5.4.7.1a Ich **arbeite schon** fünfzehn Jahre in diesem Unternehmen.

5.4.7.2 María **lleva** tres años **saliendo** con Miguel.
5.4.7.2a Maria **geht seit** drei Jahren mit Miguel **aus**.
5.4.7.2b María **geht schon seit** drei Jahren mit Miguel.

5.4.8 Quedarse + gerundio

Quedarse + gerundio ist eine resultative Verbalperiphrase, die das Fortdauern einer Handlung als Ergebnis der zuvor begonnenen Handlung hervorhebt.

5.4.8.1 Ayer **se quedó leyendo** hasta las tres de la mañana.
5.4.8.1a Gestern **hat** er bis um drei Uhr nachts **gelesen**.

5.4.8.2 Después de la reunión Antonio **se quedó pensando** que las decisiones tomadas no eran deseosas.
5.4.8.2a Nach der Sitzung **dachte** Antonio, dass die getroffenen Entscheidungen nicht wünschenswert seien.

5.4.8.3 Está tan cansada que **se ha quedado durmiendo** un poco más.
5.4.8.3a Sie ist so müde, dass sie **im Bett blieb und** noch etwas **schläft**.

5.4.8.3b Sie ist so müde, dass sie sich **ins Bett gelegt hat und** noch etwas **schläft**.
5.4.8.3a Sie ist so müde, dass sie **noch etwas schläft**.

5.4.9 Salir + gerundio

Salir + gerundio ist eine inchoative Semiperiphrase, die den plötzlichen und überraschenden Beginn einer Handlung als Reaktion auf eine vorherige Handlung oder einen vorherigen Zustand hervorhebt. Sie drückt aus, dass *schließlich, plötzlich* oder *unerwartet* etwas getan wird. Sie wird nur mit wenigen Verben, u. a. mit *perder* und *ganar* verwendet. In Verbindung mit dem Verb *ganar* bietet sich eine Übersetzung mit *ungefähr* an; während die Wendung *salir diciendo* soviel bedeutet wie *schließlich behaupten* oder *plötzlich sagen*.

5.4.9.1 Cuando el perro se acercó el gato **salió corriendo**.
5.4.9.1a Als der Hund näher kam, **rannte** die Katze **davon**.

5.4.9.2 Después de la discusión con su padre, Carlos **salió diciendo** que no quería volver a la universidad.
5.4.9.2a Nach der Diskussion mit seinem Vater **behauptete** Carlos **schließlich**, dass er nicht mehr an die Universität zurückkehren wolle.
5.4.9.2b Nach der Diskussion mit seinem Vater **sagte** Carlos **plötzlich**, dass er nicht mehr an die Universität zurückkehren wolle.

5.4.10 Seguir + gerundio

Seguir + gerundio ist eine durative Verbalperiphrase, die die zustandhafte Fortdauer eines Handlungsverlaufs hervorhebt. Sie drückt aus, dass man *etwas weiter* oder *noch immer tut*. Eine ähnliche Bedeutung hat *continuar + geruundio*.

5.4.10.1 Ventura Pons **sigue encontrando** en la literatura la mejor base para sus películas.
5.4.10.1a Ventura Pons findet in der Literatur **immer wieder** die beste Grundlage für seine Filme.
5.4.10.1b Ventura Pons findet **auch jetzt wieder** in der Literatur den besten Stoff für seine Filme.

5.4.10.2 **Sigo siendo** una periodista que, además, escribe novelas.
5.4.10.2a **Ich bin weiterhin** eine Journalistin, die außerdem Romane schreibt.
5.4.10.2b **Ich bleibe** eine Journalistin, die außerdem Romane schreibt.
5.4.10.2a **Ich bin vor allem** Journalistin und schreibe außerdem Romane.

5.4.11 Terminar + gerundio

Terminar + gerundio ist eine perfektive Verbalperiphrase, die den Abschluss eines Handlungsverlaufs hervorhebt. Sie drückt aus, dass man *etwas schließlich doch tut*. Sie ähnelt in der Bedeutung der Verbalperiphrase *acabar + gerundio*.

5.4.11.1 Le insistimos tanto que **terminó diciendo** la verdad.
5.4.11.1a Wir bedrängten ihn so sehr, dass er **schließlich** die Wahrheit **sagte**.
5.4.11.1b Wir redeten so sehr auf ihn ein, dass er **schließlich** mit der Wahrheit **rausrückte**.

5.4.11.2 Si sigues estudiando así, **terminarás hablando** correctamente español.
5.4.11.2a Wenn du weiterhin so übst, **wirst du doch noch** korrekt Spanisch **sprechen**.
5.4.11.2b Wenn du weiterhin so lernst, **wirst du irgendwann** korrekt Spanisch **sprechen**.

5.4.12 Venir + gerundio

Venir + gerundio ist eine durative Verbalperiphrase, die den progressiven Verlauf und das Fortschreiten einer Handlung hervorhebt. Dabei beginnt der Verlauf in der Vergangenheit und dauert bis in die Gegenwart hinein an. Die Verbalperiphrase drückt aus, dass man *etwas fortwährend, ständig* oder *seit einiger Zeit tut.*

5.4.12.1 ¿Qué **viene haciendo**?
5.4.12.1a Was **macht er denn die ganze Zeit so**?
5.4.12.1b Was **treibt er denn so**?

5.4.12.2 Los precios de los pisos **vienen aumentando** desde hace diez años.
5.4.12.2a Die Wohnungspreise **steigen** seit zehn Jahren **unaufhörlich**.
5.4.12.2b Die Wohnungspreise **steigen** seit zehn Jahren **ständig**.

5.5 Übersicht über die Verbalperiphrasen mit Gerundium

Verbalperiphrase	Bedeutung und deutsche Übersetzung
acabar + gerundio	terminativ; unerwarteter Abschluss eines Handlungsverlaufs etwas schließlich doch tun
andar + gerundio	iterativ; Wiederholung, Gewohnheit einer Handlung überall herum gehen und tun; derzeit tun; einfach tun; vorläufig tun
comenzar + gerundio	inchoativ; Beginn eines Handlungsverlaufs zu Beginn tun; zunächst einmal tun; zuerst tun
continuar + gerundio	durativ; zustandhafte Fortdauer einer Handlung immer noch tun; weiterhin tun
echarse + gerundio	durativ; Fortdauer einer Handlung eine Zeitlang tun; soundso lange ununterbrochen tun

ir(se) + gerundio	durativ; Fortschreiten einer Handlung etwas allmählich tun; etwas nach und nach tun; mit der Zeit etwas tun
llevar + gerundio	durativ; Verlauf, Dauer einer Handlung etwas schon lange tun; etwas schon eine Zeitlang tun
quedarse + gerundio	resultativ; Ergebnis einer zuvor begonnenen Handlung
salir + gerundio	inchoativ; plötzlicher Handlungsbeginn schließlich etwas tun; plötzlich etwas tun; unerwartet etwas tun
seguir + gerundio	durativ; Fortdauer einer Handlung etwas weiter tun; etwas noch immer tun
terminar + gerundio	terminativ; Abschluss eines Handlungsverlaufs schließlich doch etwas tun
venir + gerundio	durativ; Fortschreiten einer Handlung etwas fortwährend tun; etwas seit einiger Zeit tun

5.6 Übungen zu den Verbalperiphrasen mit Gerundium

5.6.1 Übersetzungsrelevante Satzanalyse

Bevor Sie sich an die Übersetzung der nachfolgenden Übungssätze zu den Verbalperiphrasen mit Gerundium machen, sollten Sie eine übersetzungsrelevante Satzanalyse durchführen, um sich deren syntaktische Struktur zu vergegenwärtigen und die Funktion der einzelnen Teilsätze und Satzglieder zu analysieren.

Bei den Verbalperiphrasen mit Gerundium (und denen mit Partizip) ist die Verbindung zwischen finitem und infinitem Verb aufgrund des Fehlens der verbindenden Präposition enger als bei den Verbalperiphrasen mit Infinitiv. In der Regel werden sie daher auch bei der formalen Satzanalyse als Einheit betrachtet. Die Verlaufsform *estar haciendo* wird sogar als eigene Tempusform angesehen. Wir wollen jedoch bewusst bei unserer übersetzungsrelevanten Satzanalyse beide Verben der Verbalperiphrase getrennt betrachten und tun dabei so, als ob das Gerundium einen gerundialen Nebensatz einleiten würde. Wir machen dies, um uns weitere Ansatzpunkte für mögliche Übersetzungen zu erarbeiten. Wenn Sie es anders gewohnt sind, lassen Sie sich einmal auf diese ungewohnte Perspektive ein.

Für Satz 5.6.5 sieht das Ergebnis der formalen Satzanalyse wie folgt aus:

Zunächst einmal ist festzuhalten, dass es sich insgesamt um einen Fragesatz handelt. Sodann besteht der Hauptsatz aus dem Fragewort *cuántos*, dem direkten Objekt *años* und dem Prädikat *llevas*, das in der Verbendung die Angabe zum

Subjekt enthält: Es ist die zweite Person Singular. Daran schließt sich ein gerundialer Nebensatz an mit dem Prädikat *estudiando* und dem direkten Objekt *alemán*.

Würde man die Verbalperiphrase als syntaktische Einheit betrachten, sähe die Analyse anders, nämlich wie folgt aus: Dann wäre die zweite Person Singular ebenfalls das im Prädikat implizierte Subjekt. Das Prädikat wäre *llevas estudiando* und das direkte Objekt wäre *alemán*. Das erste Satzglied *cuántos años* wäre dann eine adverbiale Bestimmung der Zeit in Frageform. Die Einteilung bei dieser zweiten Art der formalen Satzanalyse entspricht im Übrigen der Einteilung, die der funktionalen Satzanalyse zugrundegelegt wird.

Für Satz 5.6.5 sieht das Ergebnis der funktionalen Satzanalyse wie folgt aus:

Die Verbendung gibt an, wer das Subjekt ist, in diesem Fall ein *du*. Das Prädikat gibt an, dass dieses *du* studiert oder lernt. Das direkte Objekt *alemán* sagt uns, *was* das *du* lernt. Und die adverbiale Bestimmung fragt danach, *wie lange* der Lernvorgang schon dauert. Und damit sind wir auch schon beim Aspekt der Verbalperiphrase angelangt: *llevar haciendo* betont den durativen Aspekt einer Handlung.

Wir sehen, dass die Frage *wie lange* (bzw. das Fragepronomen *cuántos*) und der durative Aspekt der Verbalperiphrase zusammenpassen; sie fokussieren denselben Sachverhalt, nämlich die *Dauer* des Lernens – und nicht bloß die Tatsache, dass Deutsch gelernt wird. Man spricht in so einem Fall von Isotopie.[1]

Welche Folgen hat unsere Analyse für die Übersetzung? Beginnen wir mit dem zuletzt, bei der funktionalen Satzanalyse erarbeiteten Ansatzpunkt:

5.6.5 ¿Cuántos años llevas estudiando alemán?
5.6.5a Wie viele Jahre lernst du schon Deutsch?
5.6.5b Wie viele Jahre studierst du schon Deutsch?

Es dürfte klar sein, dass die Entscheidung, *estudiar* mit *lernen* oder *studieren* zu übersetzen, davon abhängt, ob wir es mit einem schulischen oder einem universitären Kontext zu tun haben. An einer Universität lernt man nicht, man studiert; und an einer Schule studiert man nicht, sondern lernt. Das gilt auch für eine Volkshochschule.

Weitere Möglichkeiten, Satz 5.6.5 zu übersetzen, sind:

5.6.5c Wie viele Jahre bist du schon am Deutsch Lernen?
5.6.5d Wie viele Jahre verbringst Du schon damit, Deutsch zu lernen?

Statt *lernen* können wir natürlich in beide Sätze auch *studieren* einsetzen, sofern der entsprechende universitäre Kontext gegeben ist. Lösung 5.6.5c dürfte außerhalb Nordrhein-Westfalens eher ungewöhnlich sein; zudem ist sie in den meisten Fällen für standardsprachlich verfasste schriftliche Texte nicht angemessen. Wenn aber eine regional oder als Substandard markierte Schreibweise erforderlich ist, könnte es eine brauchbare Lösung sein.

---

1 Dies ist übrigens eine gute Gelegenheit, sich den Begriff Isotopie anhand eines der in Kapitel 1.5 angegebenen Nachschlagewerke selbständig zu erarbeiten.

Lösung 5.6.5d ist im Vergleich zu Lösung 5.6.5a viel länger. Der syntaktische Aufwand ist größer. Mit größerem syntaktischem Aufwand ist gemeint, dass Satz 5.6.5d aus einem Hauptsatz und einer Infinitivkonstruktion als Nebensatz besteht, während im Gegensatz dazu der spanische Ausgangssatz (gemäß funktionaler Satzanalyse) und die deutsche Alternative 5.6.5a nur aus einem einfachen Hauptsatz bestehen.

In der Regel sollte ein größerer syntaktischer Aufwand bei der Übersetzung vermieden werden. Es gibt aber Kontexte und spezielle Anforderungen, die genau diesen größeren syntaktischen Aufwand geboten erscheinen lassen. Dies könnte zum Beispiel der Fall sein, wenn der Autor die Ausdrucksmöglichkeiten des Verbs *llevar* in den dem Beispielsatz vorausgehenden und nachfolgenden Sätzen und Absätzen systematisch zur Entfaltung bringt und dieses Spielen mit der Bedeutungsvielfalt von *llevar* im Deutschen nicht unter den Tisch fallen darf.

Damit sind die Übersetzungsmöglichkeiten jedoch noch nicht erschöpft. Satz 5.6.5d bietet den Ansatzpunkt für weitere Lösungen, indem der Infinitivsatz durch eine präpositionale Nominalphrase ersetzt wird:

5.6.5e Wie viele Jahre verbringst Du schon mit dem Deutschstudium?
5.6.5f Wie viele Jahre verbringst Du schon mit dem Deutschlernen?

Wir sagten, dass die Verbalperiphrase *llevar haciendo* den durativen Aspekt einer Handlung ausdrückt. Die Dauer einer Handlung kann im Deutschen sehr gut mit dem Verb *dauern* wiedergegeben werden. Dazu muss die Handlung in ein Substantiv verpackt werden: Wie lange dauert die Fahrt? Die Handlung des Fahrens ist in diesem Beispiel in das Substantiv *Fahrt* verpackt.

Daraus ergibt sich für unseren Beispielsatz 5.6.5 eine weitere Übersetzungsmöglichkeit:

5.6.5g Wie viele Jahre dauert schon Dein Deutschstudium?
5.6.5h Wie viele Jahre dauert schon Dein Deutschlernen?

Wenn man sich die beiden Vorschläge ansieht, stellt man fest, dass Satz 5.6.5g durchaus standardsprachliche Kriterien erfüllt, Satz 5.6.5h hingegen eher umgangssprachlich bis salopp wirkt. Dies liegt daran, dass *Studium* ein „echtes" Substantiv ist, während *Lernen* ein substantiviertes Verb ist. Die Bildung von Komposita mit substantivierten Verben, also deren Kombinierbarkeit, ist im Deutschen beschränkt, zumindest was die Standardsprache betrifft.

Bisher haben wir das Syntagma *cuántos años* in allen Fällen mit *wie viele Jahre* wiedergegeben. Das muss aber nicht immer so sein. Wenn nicht explizit darauf abgehoben werden soll, dass der Lernprozess schon Jahre dauert, sondern *cuántos años* synonym zu *cuánto tiempo* verwendet wird, dann sind beispielsweise auch die beiden folgenden Lösungen möglich:

5.6.5i Wie lange dauert schon Dein Deutschstudium?
5.6.5k Wie lange lernst du schon Deutsch?

5.6.2 Übungssätze zu den Verbalperiphrasen mit Gerundium

Gehen Sie bei der Übersetzung der nachfolgenden Übungssätze bitte wie folgt vor: (1) Führen Sie als erstes eine übersetzungsrelevante Satzanalyse durch. (2) Bestimmen Sie die Art der Verbalperiphrase mit Gerundium und tragen Sie sie in die Spalte *Art* ein. (3) Schlagen Sie im entsprechenden Unterkapitel nach, welche Lösungsmöglichkeiten für die jeweilige Art der Verbalperiphrase mit Gerundium angegeben sind. (4) Versuchen Sie für jeden der nachfolgenden Übungssätze, mehrere, syntaktisch verschiedene Übersetzungen zu erstellen. (5) Nehmen Sie eine stilistische Bewertung der verschiedenen von Ihnen angefertigten Übersetzungen vor.

Nr.	Übungssatz	Art
5.6.1	Cuando entró él, ella siguió hablando por teléfono con su amiga.	
5.6.2	Desde hace tiempo ando buscando piso.	
5.6.3	Ella viene estudiando español desde hace algún tiempo y algún día acabará dominándolo.	
5.6.4	Aunque no se pueda ir más rápido que 50 kilómetros por hora, algunos siguen corriendo locos por la ciudad.	
5.6.5	¿Cuántos años llevas estudiando alemán?	
5.6.6	El estado del paciente iba mejorando.	
5.6.7	A Jorge no le gustaba la cerveza, pero un día la probó y acabó gustándole.	
5.6.8	Venían diciendo que les hiciéramos una visita.	
5.6.9	Juan salió corriendo de la casa.	
5.6.10	¿Sigue repartiendo su vida entre Madrid y la finca andaluza de La Baltasara?	
5.6.11	Soy una persona alegre, con ilusión por seguir haciendo cosas.	
5.6.12	La vida sentimental de aquella pareja se estaba deteriorando gravemente, hasta llegar a un punto sin retorno.	
5.6.13	Desde ayer vengo notando una molestía en el pie que cada día es más fuerte.	
5.6.14	Cada vez la prensa viene siendo más catastrofista.	
5.6.15	Vamos a comprar esta moneda a Arturo, que anda coleccionándolas desde hace mucho tiempo.	
5.6.16	El niño sigue durmiendo.	

5.6.17	Si repasas todos los días las palabras, las irás aprendiendo poco a poco.	
5.6.18	Llevo casi una hora dando vueltas por los alrededores.	
5.6.19	¡Lárgate de una vez y no continúes jodiéndome!	
5.6.20	Pero, después de cien años, la obra de Picasso sigue siendo tan nueva, tan inquietante, que sería un insulto llamarla obra maestra.	
5.6.21	¿Le sorprenden los quiebros que va dando el proyecto?	
5.6.22	Los arquitectos no somos inversores y el cliente quiere gastar la menor cantidad de dinero posible. Entonces, si no hay una ley y una estructura pública que continúe subiendo el listón, los clientes no piden sostenibilidad.	
5.6.23	Y que nadie se ofenda por lo que venimos diciendo.	
5.6.24	El toro -mal que bien- sigue teniendo dos cuernos.	
5.6.25	Yo tengo un gran archivo, llevo cuarenta años buscando y rebuscando documentos, fotografías o grabados.	
5.6.26	A base de oír y oír vas asimilando y cogiendo los estilos y las escuelas cantaoras.	
5.6.27	El rap español no existía, la movida era y sigue siendo para nosotros el rap americano de Nueva York.	
5.6.28	Yo me sentía muy cómoda hace diez años y me sigo sintiendo así en la actualidad cada vez que me subo al escenario.	
5.6.29	Descubrió que las luces de incontables colores y fascinantes movimientos se iban apagando una tras otra.	
5.6.30	Se pasa la vida arreglando ordenadores.	

5.7 Verbalperiphrasen mit Partizip

Verbalperiphrasen mit Partizip betonen grundsätzlich den *terminativen* Aspekt einer Handlung und situieren somit die Aktion in der Vergangenheit bzw. Vorzeitigkeit. Andere Aspekte können jedoch hinzukommen.

5.7.1 Acabar + Partizip

Acabar + Partizip ist eine perfektive Verbalperiphrase, die den Zustand als Resultat einer Veränderung beschreibt. Sie hebt also den Endzustand einer Handlung hervor und hat eine ähnliche Bedeutung wie die Verbalperiphrasen *quedar + Partizip* und *terminar + Partizip*. Statt eines Partizips kann auch ein Adjektiv stehen.

Im Deutschen und im Spanischen werden Adjektive und adjektivierte Partizipien häufig in denselben Konstruktionen verwendet. Für mögliche Übersetzungslösungen macht dies keinen Unterschied.

5.7.1.1 Después de divorciarse de su mujer **acabó hecho** un flan.
5.7.1.1a Nachdem er von seiner Frau geschieden wurde, **war** er ein Nervenbündel.
5.7.1.1b Nach der Scheidung von seiner Frau **war** er am Boden zerstört.

5.7.1.2 Si sigue así, **acabará enloquecido**.
5.7.1.2a Wenn er so weitermacht, **wird er noch wahnsinnig werden**.

5.7.2 Andar + Partizip

Andar + Partizip ist eine durative Verbalperiphrase, die eine gewisse Dynamik und vor allem Ungenauigkeit in Bezug auf die Zeit bzw. den Ort ausdrückt. Sie wird mit ähnlichen Adjektiven oder adjektivierten Partizipien verwendet wie *ir + Partizip* oder *estar + Partizip*. Im Unterschied zu diesen beiden letztgenannten Verbalperiphrasen wird *andar + Partizip* vor allem mit Bezug auf den Gemütszustand einer Person verwendet.

5.7.2.1 No sé lo que le pasa estos días; **anda** muy **distraído**.
5.7.2.1a Ich weiß nicht, was mit ihm in letzter Zeit los ist; **er läuft** sehr **zerstreut herum**.
5.7.2.1b Ich weiß nicht, was mit ihm in letzter Zeit los ist; **er ist immer** so **zerstreut**.
5.7.2.1c Ich weiß nicht, was mit ihm in letzter Zeit los ist; **er ist** irgendwie **durcheinander**.

5.7.2.2 Hace un mes **andaba enfadado** conmigo.
5.7.2.2a Vor einem Monat **war er böse** mit mir.

5.7.2.3 Hace un mes que **anda enfadado** conmigo.
*5.7.2.3a Vor einem Monat **ist er böse** mit mir.
5.7.2.3b Seit einem Monat **ist er böse** mit mir.

Bei den Sätzen 5.7.2.2 und 5.7.2.3 ist zu beachten, dass der Tempuswechsel im Spanischen (*imperfecto* vs. *presente*) nicht alleine durch einen Tempuswechsel im Deutschen (Präteritum vs. Präsens) wiedergegeben werden kann. Vielmehr ist auch die Präposition *hace* in der Zeitangabe (*hace un mes*) auf unterschiedliche Weise zu übersetzen (*vor* vs. *seit*). In Satz 5.7.2.3a ist dies nicht berücksichtigt, so dass ein Bruch in der zeitlichen Logik die Folge ist. Deshalb ist dieser Satz keine akzeptable Übersetzung und mit einem Sternchen versehen.

5.7.3 Caer + Partizip

Caer + Partizip ist eine Verbalperiphrase mit inchoativem und durativem Aspekt. Sie hebt hervor, dass eine plötzlich einsetzende Handlung zu einem dauerhaften Ergebnis führt.

5.7.3.1 Desde el primer momento, James Joyce **cayó seducido** por el carácter y la personalidad de Nora.
5.7.3.1a Seit dem ersten Augenblick **war** James Joyce Noras Charakter und Persönlichkeit **verfallen**.
5.7.3.1b Vom ersten Moment an **war** James Joyce Noras Charakter und Persönlichkeit **verfallen**.

5.7.4 Dar por + Partizip

Dar por + Partizip ist eine terminative Verbalperiphrase. Sie kann nur in Verbindung mit bestimmten Verben verwendet werden, die sich in drei Gruppen unterteilen lassen.

Dar por kann mit Partizipien wie *estudiado, explicado, terminado, perdido, muerto, ganado* (und deren Synonymen) verbunden werden. Dann wird *dar* im Sinne von *considerar* verwendet. Die Partizipien dieser Gruppe beziehen sich immer auf eine Sache oder Person, nie auf eine Handlung. In dieser Verbindung drückt die Verbalperiphrase aus, dass der mit dem Partizip ausgedrückte Zustand als vorausgesetzt betrachtet wird. Das Partizip wird in diesen Fällen in Genus und Numerus an das Bezugswort angeglichen.

5.7.4.1 **Doy por estudiadas** estas lecciones.
5.7.4.1a Ich **setze** diese Lektionen **als gelernt voraus**.

5.7.4.2 Ya **daba por perdida** la cartera, cuando apareció debajo del armario de su habitación.
5.7.4.2a Er (sie) **hatte** die Brieftasche schon **als verloren betrachtet**, als sie unter dem Schrank seines (ihres) Zimmers dann doch auftauchte.
5.7.4.2b Er (sie) **hatte** die Brieftasche schon **als verloren betrachtet**, als sie sich doch noch unter dem Schrank seines (ihres) Zimmers fand.
5.7.4.2c Sie (er) **hatte** die Brieftasche schon **verloren geglaubt**, als sie unter dem Schrank ihres (seines) Zimmers doch noch auftauchte.
5.7.4.2c Sie (er) **dachte** schon, die Brieftasche sei **unwiederbringlich verloren**, als sie unter dem Schrank ihres (seines) Zimmers doch noch auftauchte.

Dar por kann auch mit Partizipien wie *sentado, supuesto, descontado, sabido, hecho* (und deren Synonymen) verbunden werden. Diese Partizipien beziehen sich entweder auf eine Sache oder eine Handlung. Bei diesen Konstruktionen kann das den Nebensatz einleitende *que* wegfallen.

5.7.4.3 **Daba por sentado** que sus proyectos se realizarían al pie.
5.7.4.3a **Er sah es als feststehend an**, dass sich seine Projekte sofort verwirklichen lassen würden.
5.7.4.3b **Für ihn stand fest**, dass sich seine Projekte sofort verwirklichen lassen würden.
5.7.4.3c **Sie ging fest davon aus**, dass sich ihre Projekte sofort verwirklichen lassen würden.
5.7.4.4 En sus sueños, **daba por hecho** su viaje a Australia.
5.7.4.4a In seinen Träumen **betrachtete er** seine Reise nach Australien **als unternommen**.
5.7.4.4b In seinen Träumen **hatte er** seine Reise nach Australien **bereits unternommen**.
5.7.4.4c Im Traum **war er** schon nach Australien **gereist**.

Dar por kann schließlich auch reflexiv (also: *darse por*) und dann mit Partizipien wie *enterado, ofendido, contento, satisfecho, vencido, bien/mal pagado* (und deren Synonymen) verbunden werden.

5.7.4.5 Nunca se da por ofendido.
5.7.4.5a **Er (sie) fühlt sich** nie **beleidigt**.

5.7.4.6 **Se dio por satisfecho** con las explicaciones que le di.
5.7.4.6a **Er (sie) gab sich** mit den Erklärungen **zufrieden**, die ich ihm (ihr) gab.

5.7.5 Dejar + Partizip

Dejar + Partizip ist eine terminative Verbalperiphrase. Sie hebt das Ende einer Handlung und deren Wirkung hervor. Insofern könnte man auch vom resultativen Aspekt dieser Verbalperiphrase sprechen.

5.7.5.1 La catástrofe financiera nos **había dejado arruinados**.
5.7.5.1a Die finanzielle Katastrophe **ließ** uns **ruiniert zurück**.
5.7.5.1b Die finanzielle Katastrophe **hat** uns **ruiniert**.
5.7.5.1c Nach der finanziellen Katastrophe **waren** wir **ruiniert**.

Satz 5.7.5.1c zeigt starke syntaktische Veränderungen gegenüber dem ausgangssprachlichen Satz 5.7.5.1, nämlich einen Subjekt- und einen Tempuswechsel. Subjekt und Objekt des spanischen Satzes (*catástrofe* bzw. *nos*) tauschen im deutschen Satz sozusagen die Rollen. Das spanische Objekt (*nos*) wird zum Subjekt des deutschen Satzes (*wir*). Und das spanische Subjekt (*catástrofe*) wird zu einer adverbialen Bestimmung der Zeit „degradiert“: *nach der Katastrophe*. Die Information der Vorzeitigkeit, die wir dem *pluscuamperfecto* entnehmen, wurde im deutschen Satz mit der Präposition *nach* versprachlicht. Dadurch ist es im Deutschen nicht mehr nötig, die Vorzeitigkeit durch ein Plusquamperfekt auszudrücken, und es wird der Weg frei für das Präteritum (*waren*).

Die mit Satz 5.7.5.1 verwirklichten Übersetzungsverfahren (Subjekt- und Tempuswechsel) sind nicht in allen Fällen möglich, wie der folgende Satz zeigt:

5.7.5.2 Ya **he dejado firmado** el cheque que me pediste.
5.7.5.2a Ich **habe** den Scheck **schon unterschrieben**, um den du mich batest.
5.7.5.2b Ich **habe** den Scheck **schon ausgestellt**, um den du mich gebeten hattest.

5.7.6 Estar + Partizip

Estar + Partizip ist eine terminative Verbalperiphrase mit einer speziellen Funktion: Sie wird auch als Zustandspassiv bezeichnet. In dieser Funktion kann *estar* auch durch die Verben *aparecer, hallarse, ir, quedar, resultar, salir* und *venir* (jeweils + *Partizip*) ersetzt werden.

Estar + Partizip kann in der Regel mit dem deutschen Zustandspassiv wiedergegeben werden.

5.7.6.1 Juan **está preocupado** por su examen.
5.7.6.1a Juan **ist** wegen der Prüfung **besorgt**.
5.7.6.1b Juan **macht sich Sorgen** wegen der Prüfung.

5.7.6.2 Eso **estuvo prohibido** en la época de Franco.
5.7.6.2a Das **war** unter Franco **verboten**.
5.7.6.2a Das **war** in der Franco-Zeit **verboten**.

Aber es gibt auch Verwendungsweisen, in der andere Übersetzungslösungen dem deutschen Zustandpassiv (*sein + Partizip*) vorzuziehen sind. Einige Beipiele:

5.7.6.3 **Está visto** que Picasso es uno de los mejores pintores del siglo XX.
5.7.6.3a **Es ist klar**, dass Picasso einer der besten Maler des 20. Jahrhunderts ist.

5.7.6.4 En el cuadro se ve a una mujer que **está asomada** a la ventana.
5.7.6.4a Auf dem Gemälde sieht man eine Frau, **die** am Fenster **steht**.
5.7.6.4b Auf dem Gemälde sieht man eine Frau, **die sich** aus dem Fenster **lehnt**.

Die Sätze 5.7.6.4a und 5.7.6.4b sind nicht bedeutungsgleich, aber beide Lesarten (*stehen* und *lehnen*) werden von der spanischen Formulierung gestützt. Ohne Einbettung in einen eindeutigen Kontext können wir nicht entscheiden, welche Lesart angemessener ist.

5.7.6.5 Eso te **está** bien **merecido**.
5.7.6.5a Das **geschieht** dir **recht**.

5.7.6.6 El trabajo **está terminado**.
5.7.6.6a Die Arbeit **ist fertig**.

5.7.7 Ir + Partizip

Ir + Partizip gilt als Semiperiphrase mit durativem Aspekt und wird in der Regel mit Adjektiven oder adjektivierten Partizipien verwendet. In der Regel steht das finite Verb *ir* in einer Vergangenheitszeit (*pasado simple* oder *imperfecto*). Das finite Verb *ir* behält seine Grundbedeutung bei (Ausdruck einer Bewegung). Am häufigsten wird diese Konstruktion mit Partizipien verwendet, die sich auf körperliche Aspekte oder den seelischen Zustand von Personen beziehen.

5.7.7.1 Cuando murió su madre, **fue vestida de negro** durante un año.
5.7.7.1a Als ihre Mutter starb, **ging sie** ein Jahr lang **schwarz gekleidet**.
5.7.7.1b Als ihre Mutter starb, **ging sie** ein Jahr lang **schwarz.**
5.7.7.1c Als ihre Mutter starb, **trug sie** ein Jahr lang **schwarze Kleidung**.
5.7.7.1d Als ihre Mutter starb, **trug sie** ein Jahr lang **Trauerkleidung**.
5.7.7.1e Nach dem Tod ihrer Mutter **trug sie** ein Jahr lang **schwarz**.

5.7.7.2 Siempre **iba** muy **pintada**.
5.7.7.2a **Sie lief** immer sehr **geschminkt herum**.
5.7.7.2b **Sie war** immer sehr **geschminkt**.

Zu dem durativen Aspekt kann bei dieser Verbalperiphrase auch ein akkumulativer Aspekt hinzutreten, wie der nächste Beispielsatz zeigt.

5.7.7.3 Del libro que ha escrito, **van vendidos** 200 ejemplares.
5.7.7.3a Von dem Buch, das er geschrieben hat, **sind bis jetzt** 200 Exemplare **verkauft worden**.
5.7.7.3b Von dem Buch, das er geschrieben hat, **wurden bis jetzt** 200 Stück **verkauft**.

5.7.8 Llevar + Partizip

Llevar + Partizip ist eine durative Verbalperiphrase, zu der ein akkumulativer Aspekt hinzutritt. Sie kann die Konstruktion *haber + Partizip* ersetzen, betont ihr gegenüber aber die Idee der benötigten Zeitspanne. Steht *llevar* im *presente,* kann es durch das *perfecto compuesto,* steht es im *imperfecto,* kann es durch das *pluscuamperfecto* ersetzt werden. Es ist nicht möglich, sie in den zusammengesetzten Zeiten, im *pasado simple* oder im Imperativ zu benützen. Das Partizip wird im Spanischen in Genus und Numerus an das Objekt angeglichen.

5.7.8.1 Ya **llevo pagadas** varias cuotas del piso.
5.7.8.1a Ich **habe schon** mehrere Raten für die Wohnung **bezahlt**.

5.7.9 Quedar(se) + Partizip

Quedar(se) + Partizip ist eine Semiperiphrase mit durativem oder terminativem Aspekt. Sie kann die Konstruktion *ser + Partizip* – also das Vorgangspassiv – ersetzen, deutet ihr gegenüber jedoch zusätzlich an, dass die Ergebnisse eines vorhergehenden Prozesses aus der Sicht des Sprechers immer noch wirksam sind.

5.7.9.1 La luz (**se**) **ha quedado encendida**.
5.7.9.1a Das Licht wurde angemacht.
5.7.9.1b Das Licht wurde nicht ausgemacht.

5.7.9.1c Das Licht ist angeblieben.
5.7.9.1d Das Licht wurde angemacht und blieb die ganze Zeit an.

Die vier angegebenen Übersetzungen von Satz 5.7.9.1 fokussieren verschiedene Aspekte des Sachverhalts. Während bei Lösung 5.7.9.1a der terminative Aspekt der Semiperiphrase zur Geltung kommt, denn die Aktion des Lichteinschaltens ist ja beendet, heben die Lösungen 5.7.9.1b und 5.7.9.1c stärker auf den durativen Aspekt ab. Der durative Aspekt bezieht sich auf das Ergebnis des Lichteinschaltens, also darauf, dass die Lampen leuchten. Lösung 5.7.9.1d versucht beiden Aspekten gerecht zu werden. Diese Genauigkeit kann jedoch in einigen Kontexten störend wirkend. Auch hier kann erst die Einbettung in einen konkreten Kontext eine Disambiguierung, also eine eindeutige Klärung, herbeiführen.

5.7.9.2 La nevera **quedó colocada** donde usted me dijo.
5.7.9.2a Der Kühlschrank **wurde** an den Ort **gestellt**, den Sie mir nannten.
5.7.9.2b Der Kühlschrank **wurde** dahin **gestellt**, wohin Sie mir sagten.

5.7.10 Salir + Partizip

Salir + Partizip ist eine terminative Verbalperiphrase, die einen Endzustand als Ergebnis einer Handlung hervorhebt. Sie kann das Zustandspassiv (*estar + Partizip*) ersetzen. Bei der Verwendung des Zustandspassivs spielt nur der Endzustand (z. B. das *Aufgespießtsein*) eine Rolle. Die Verbalperiphrase *salir + Partizip* wird immer dann benützt, wenn nicht nur dieser Endzustand, sondern die zuvor ausgeführte Handlung, die zu diesem Endzustand geführt hat, fokussiert werden soll. Deshalb wird sie in der Regel mit dem deutschen *Vorgangs*passiv übersetzt.

5.7.10.1 El torero **salió anganchado** por el toro.
5.7.10.1a Der Torero **wurde** vom Stier **aufgespießt**.
5.7.10.1b Der Torero **wurde** vom Stier **auf die Hörner genommen**.

5.7.10.2 Los estudiantes perezosos **saldrán suspendidos**.
5.7.10.2a Die faulen Studenten **werden durchfallen**.
5.7.10.2a Faule Studenten **werden die Prüfung nicht bestehen**.

5.7.11 Seguir + Partizip

Seguir + Partizip ist eine Semiperiphrase mit durativem Aspekt. Ihre Bedeutung entspricht der Konstruktion *estar todavía + Partizip*.

5.7.11.1 Tu reloj **sigue atrasado**.
5.7.11.1a Deine Uhr **geht immer noch nach**.

5.7.11.2 Ese cuadro **sigue torcido**.
5.7.11.1a Dieses Bild **hängt immer noch schief**.

5.7.12 Tener + Partizip

Tener + Partizip ist eine obligative Verbalperiphrase, die einen terminativen, durativen, akkumulativen oder repetitiven Aspekt aufweisen kann (Fente Gómez u. a. 1976, 43). Sie kann die Konstruktion *haber + Partizip* ersetzen. Während *haber + Partizip* die Vorzeitigkeit hervorhebt, betont *tener + Partizip* eine perfektive Bedeutungsnuance. *Tener + Partizip* kann aber nur mit Partizipien *transitiver* Verben verwendet werden.

In Beispiel 5.7.12.1 steht die Beendigung der Handlung (hier: des Überlegens), also der terminative Aspekt, im Vordergrund. In diesem Fall ist eine Übersetzung mit dem Perfekt angezeigt.

5.7.12.1 **Tengo pensado** que en lugar de ir a la playa, podíamos ir a la montaña este año.
5.7.12.1a **Ich habe mir überlegt**, dass wir dieses Jahr, anstatt ans Meer zu fahren, in die Berge fahren könnten.

In Beispiel 5.7.12.2 steht das Andauern der Handlung (hier: der Strafe), also der durative Aspekt, im Vordergrund. In diesem Fall ist eine Übersetzung mit dem Perfekt nicht möglich. Stattdessen ist das Präsens vorzuziehen. Auch die Verwendung des Modalverbs *wollen* ist oftmals empfehlenswert. Manchmal ist auch die Übersetzung mit einer Nominalphrase (*zur Strafe*) möglich.

5.7.12.2 No he traído al niño conmigo porque lo **tengo castigado**.
5.7.12.2a Ich habe das Kind nicht mitgebracht, weil **ich** es **bestrafe**.
5.7.12.2b Ich habe das Kind nicht mitgebracht, weil **ich** es **damit bestrafen will**.
5.7.12.2c Ich habe das Kind **zur Strafe** nicht mitgebracht.

In Beispiel 5.7.12.3 steht die Wiederholung der Handlung (hier: des Sagens), also der repetitive Aspekt, im Vordergrund. In diesem Fall ist die Verwendung eines Adverbs bzw. mehrerer Adverbien angezeigt. *Schon einmal* oder *schon* alleine reichen nicht aus, da damit der repetitive Charakter nicht hinreichend zum Ausdruck kommt.

5.7.12.3 Ya te **tengo dicho** que no hagas eso.
5.7.12.3a Ich **habe** dir **schon mehrmals gesagt**, dass du das nicht machen sollst.
5.7.12.3b Ich **habe** dir **schon so oft gesagt**, dass du das nicht machen sollst.

In Beispiel 5.7.12.4 steht die Ansammlung von Frauenbekanntschaften, also der akkumulative Aspekt, im Vordergrund. Dies ist wieder ein Fall für das Perfekt.

5.7.12.4 **Tiene conocido** a muchas mujeres guapas durante sus viajes.
5.7.12.4a Er **hat** während seiner Reisen viele hübsche Frauen **kennen gelernt**.
5.7.12.4b Er **hat** auf seinen Reisen viele hübsche Frauen **kennen gelernt**.

In Beispiel 5.7.12.5 steht nicht so sehr eine Handlung, sondern der Gemütszustand einer Person (meistens aber nicht des Subjekts) im Vordergrund. Es handelt sich also wieder um ein Beispiel mit durativem Aspekt. Auch hier ist das Präsens dem Perfekt vorzuziehen.

5.7.12.5 Este chico **me tiene** muy **preocupado**.
5.7.12.5a Dieser Junge **beschäftigt mich** sehr.
5.7.12.5b Ich **mache** mir **große Sorgen** um diesen Jungen.

Es ist zu beachten, dass sowohl im spanischen Satz 5.7.12.5 als auch im ersten deutschen Satz 5.7.12.5a grammatisch gesehen der *Junge* (*chico*) das Subjekt des Satzes ist, es aber um den Gemütszustand des Sprechers (*me, mich*) geht. Der Gemütszustand wird als von außen angeregt oder hervorgerufen dargestellt. Der Sprecher ist hinsichtlich seiner Gefühle sozusagen fremdbestimmt. In Satz 5.7.12.5b ist es der Sprecher, der zum Subjekt des Satzes erhoben wird. Es liegt also keine „Fremdbestimmung" seiner Gefühle vor. Es gibt Kontexte, in denen die Perspektive (Fremdbestimmung oder Selbstbestimmung der Gefühle) von Bedeutung sein kann.

In Beispiel 5.7.12.6 wird die Verbalperiphrase im Imperativ verwendet; sie betont hier den terminativen Aspekt. In der Übersetzung steht dann in der Regel ebenfalls der Imperativ.

5.7.12.6 **Tengan** ustedes **hecho** esto antes de la hora de cerrar.
5.7.12.6a **Erledigen Sie** das bis zum Feierabend!

5.7.13 Traer + Partizip

Traer + Partizip ist eine durative Verbalperiphrase und kann die Konstruktion *tener + Partizip* ersetzen, wenn diese mit durativem Aspekt verwendet wird. Die Konstruktion *traer + Partizip* verleiht der ausgedrückten Handlung eine gewisse Dynamik. Sie wird stets in Verbindung mit Partizipien gebraucht, die einen Gemütszustand ausdrücken.

5.7.13.1 Este niño me **trae** muy **preocupado**.
5.7.13.1a Dieses Kind **hat** mich sehr **beschäftigt**.
5.7.13.1b Dieses Kind **hat** mir **große Sorgen bereitet.**
5.7.13.1c Ich **habe** mir **große Sorgen** um dieses Kind **gemacht**.

Für Satz 5.7.13.1c gilt analog das, was zum Perspektivenwechsel bei Satz 5.7.12.5b bereits gesagt wurde.

5.7.13.2 Las nuevas ideas revolucionarias **traían entusiasmado** al pueblo.
5.7.13.2a Die neuen revolutionären Ideen **haben** das Volk **begeistert**.

5.7.14 Venir + Partizip

Venir + Partizip ist eine terminative Verbalperiphrase mit passivischer Funktion, die eine abgeschlossene Handlung in der Vergangenheit mit Bezug auf die Gegenwart beschreibt. Sie kann zudem einen akkumulativen und dynamischen Aspekt aufweisen.

Der dynamische Aspekt ist in den Sätzen 5.7.14.1 und 5.7.14.3 deutlich zu erkennen. Dies macht eine „wörtliche" Übersetzung mit dem Bewegungsverb *kommen* möglich. Terminativ ist die Verbalperiphrase in diesen Sätzen insofern, als die Handlung des Kommens abgeschlossen ist.

In Satz 5.7.14.2 sind alle drei Aspekte zu erkennen. Das Hungrigsein ist mit der Zeit (dynamischer Aspekt) immer größer geworden (akkumulativer Aspekt), bis das Anwachsen des Hungers schließlich zu einem Endpunkt kommt (terminativer Aspekt) und der Sprecher von sich behaupten kann, dass er vor Hunger stirbt.

5.7.14.1 Eso me **viene clavado**.
5.7.14.1a Das **kommt** mir **wie gerufen**.

5.7.14.2 **Vengo muerto** de hambre.
5.7.14.2a **Ich sterbe** vor Hunger.

5.7.14.3 Su marido **viene** siempre **muerto de hambre**.
5.7.14.3a Ihr Mann **hat** immer einen **Bärenhunger**, wenn er nach Hause kommt.
5.7.14.3b Ihr Mann **kommt** immer mit einem **Bärenhunger** nach Hause.
5.7.14.3c Ihr Mann **hat** immer einen **Riesenhunger**.

5.7.14.4 Le asaltaron en la calle y por eso **viene muerto de miedo**.
5.7.14.4a Man hat ihn auf der Straße überfallen, deshalb **ist er jetzt ganz verängstigt**.

5.7.15 Verse + Partizip

Verse + Partizip ist eine Verbalperiphrase, die sowohl das Zustandspassiv (*estar + Partizip*) als auch das Vorgangspassiv (*ser + Partizip*) ersetzen kann.

5.7.15.1 De repente, la escolta del rey **se vio rodeada** de soldados enemigos.
5.7.15.1a Die Eskorte des Königs **sah sich** plötzlich von feindlichen Soldaten **umringt**.
5.7.15.1b Die Eskorte des Königs **war** plötzlich **umringt** von feindlichen Soldaten.

5.8 Übersicht über die Verbalperiphrasen mit Partizip

Verbalperiphrase	Bedeutung und deutsche Übersetzung
acabar + Partizip	terminativ und durativ; zustandhafte Vollendung zum Schluss war er völlig…; am Ende war er völlig ...; danach war er ...; er wird noch ... werden

andar + Partizip	durativ; andauernde Handlung oder Zustand herumlaufen + Partizip; sein + Partizip/Adjektiv
caer + Partizip	inchoativ, resultativ und durativ; plötzlich einsetzende Handlung mit dauerhaftem Ergebnis anderes Vollverb oder sein + Partizip
dar por + Partizip	terminativ; vorausgesetzter Zustand betrachten; davon ausgehen; sich geben
dejar + Partizip	terminativ; Folgen einer Handlung schon; Perfekt; Zustandspassiv
estar + Partizip	Zustandspassiv (sein + Partizip)
ir + Partizip	terminativ, resultativ, durativ und akkumulativ; dauerhafter Zustand des Subjekts während der Bewegung
llevar + Partizip	durativ und akkumulativ; a) Gibt an, wie weit man mit einer Handlung gekommen ist; schon b) Dauer einer Handlung oder eines Zustands; schon
quedar(se) + Partizip	resultativ und durativ; Andauern des Ergebnisses einer Handlung
salir + Partizip	terminativ; Endzustand einer Handlung
seguir + Partizip	durativ; andauernde Handlung oder Zustand immer noch
tener + Partizip	terminativ, resultativ, akkumulativ und iterativ; Zustand als Ergebnis einer Handlung Perfekt oder Präsens
traer + Partizip	resultativ und durativ; Zustand als Ergebnis einer Handlung Perfekt
venir + Partizip	terminativ und resultativ; abgeschlossene Handlung in der Vergangenheit mit Bezug auf die Gegenwart; anderes Vollverb oder sein
verse + Partizip	a) Zustandspassiv b) Vorgangspassiv

5.9 Übungen zu den Verbalperiphrasen mit Partizip

5.9.1 Übersetzungsrelevante Satzanalyse

Bevor Sie sich an die Übersetzung der nachfolgenden Übungssätze zu den Verbalperiphrasen mit Partizip machen, sollten Sie eine übersetzungsrelevante Satzanalyse durchführen, um sich deren syntaktische Struktur zu vergegenwärtigen und die Funktion der einzelnen Teilsätze und Satzglieder zu analysieren.

Für Satz 5.9.6 sieht das Ergebnis der formalen Satzanalyse wie folgt aus: Subjekt und Prädikat des Hauptsatzes sind *el conflicto* und *quedó resuelto*. Hinzu kommt die adverbiale Bestimmung der Zeit *después de la reunión*. Die Satzstellung des Subjekts - hinter dem Prädikat - ist für deutsche Leser vielleicht gewöhnungsbedürftig, entspricht aber durchaus der spanischen Grammatik und Stilistik.

Für Satz 5.9.6 sieht das Ergebnis der funktionalen Satzanalyse wie folgt aus: Was wurde gelöst: *el conflicto*. Was wird über den Konflikt ausgesagt: *quedó resuelto*. Wann wurde der Konflikt gelöst: *después de la reunión*.

Es ist zu beachten, dass die Verbalperiphrasen mit Partizip zwar aktivisch konstruiert sind, aber eine passivische Bedeutung haben. Das bedeutet, dass - im Beispiel gesprochen - *el conflicto* zwar das Subjekt des Satzes ist, aber nicht der Agens der bezeichneten Handlung des Lösens (*resolver*). Mit Agens ist der Handlungsträger gemeint, also derjenige, der tatsächliche eine Handlung ausführt. In unserem Beispiel sind die Teilnehmer an der *reunión* die tatsächlichen Handlungsträger gewesen, obwohl sie im Satz nicht einmal erwähnt sind.

Die Verbalperiphrase *quedar resuelto* wird hier im Beispielsatz verwendet, um anzugeben, (1) dass die Lösung des Konflikts das Ergebnis der *reunión* ist, und (2) dass der Konflikt dauerhaft gelöst wurde. Welche Übersetzungsmöglichkeiten gibt es nun?

5.9.6	Después de la reunión quedó resuelto el conflicto.
5.9.6a	Nach der Versammlung war der Konflikt gelöst.
5.9.6b	Nach der Versammlung ward der Konflikt gelöst.
*5.9.6c	Nach der Versammlung wurde der Konflikt gelöst.
*5.9.6d	Nach der Versammlung blieb der Konflikt gelöst.

Zunächst einmal kann *reunión* natürlich auch mit *Treffen*, *Sitzung* oder *Meeting* übersetzt werden. Dabei kommt es auf den passenden Kontext an, der uns hier für eine endgültige Entscheidung fehlt. Dann ist darauf hinzuweisen, dass die Verbform *ward* in Satz 5.9.6b inzwischen veraltet ist und kaum mehr gebraucht wird, außer wenn die Sprache einer vergangenen Epoche nachgeahmt werden soll.

Und schließlich muss betont werden, dass die Sätze 5.9.6c und 5.9.6d *keine* angemessenen Lösungen und deshalb mit einem Sternchen versehen sind. Warum?

Der deutsche Satz 5.9.6c bedeutet, dass der Konflikt nicht während der Versammlung gelöst wurde, wie es der spanische Satz angibt, sondern erst *nach* der

Versammlung. Satz 5.9.6c behauptet also einen anderen temporalen und kausalen Zusammenhang zwischen Versammlung und Konfliktlösung und ist deshalb nicht akzeptabel.

Ähnliches gilt für Satz 5.9.6d, der behauptet, dass der Konflikt auch nach der Versammlung immer noch gelöst blieb. Der Konflikt war also bereits vor der Versammlung gelöst, die daran nichts mehr geändert hat. Dies widerspricht aber der Bedeutung des spanischen Satzes, der klar sagt, dass die *reunión* zur Lösung des Konflikts geführt hat.

Es mag verführerisch sein, *quedar resuelto* mit *gelöst bleiben* zu übersetzen, weil *quedar* soviel wie *bleiben* heißt. Diese Übersetzung ist aber falsch und die Begründung dafür basiert eher auf einem Kurz-Schluss als auf einer genauen Analyse. Denn sie verkennt die Tatsache, dass wir es hier nicht mit dem Verb *quedar* an sich, sondern mit der Verbalperiphrase *quedar + Partizip* zu tun haben, die als Einheit zu betrachten ist.

Es ist daran zu erinnern, dass das finite Verb seine ursprüngliche Bedeutung in den Verbalperiphrasen (im engeren Sinne) verliert. Nur in den Semiperiphrasen bleibt die ursprüngliche Bedeutung des finiten Verbs erhalten.

Die finiten Verben, die Teil einer Verbalperiphrase sind, sind in der Regel nicht mit der „üblichen" Entsprechung (*quedar = bleiben*), sondern ausgehend von ihrer Funktion für die Bedeutung der Verbalperiphrase zu übersetzen. In diesem Fall soll die Verwendung von *quedar resuelto* ausdrücken, dass der Konflikt nach der Versammlung *endgültig* gelöst war. Daraus ergibt sich eine weitere Übersetzungsmöglichkeit:

5.9.6e Nach der Versammlung war der Konflikt endgültig gelöst.

5.9.2 Übungssätze zu den Verbalperiphrasen mit Partizip

Gehen Sie bei der Übersetzung der nachfolgenden Übungssätze bitte wie folgt vor: (1) Führen Sie als erstes eine übersetzungsrelevante Satzanalyse durch. (2) Bestimmen Sie die Art der Verbalperiphrase mit Partizip und tragen Sie sie in die Spalte *Art* ein. (3) Schlagen Sie im entsprechenden Unterkapitel nach, welche Lösungsmöglichkeiten für die jeweilige Art der Verbalperiphrase mit Partizip angegeben sind. (4) Versuchen Sie für jeden der nachfolgenden Übungssätze, mehrere, syntaktisch verschiedene Übersetzungen zu erstellen. (5) Nehmen Sie eine stilistische Bewertung der verschiedenen von Ihnen angefertigten Übersetzungen vor.

Nr.	Übungssatz	Art
5.9.1	El alumno está examinado.	
5.9.2	Los García siguen encantados con su nueva casa.	
5.9.3	No me ha gustado la reunión. He salido completamente desconcertado.	

5.9.4	Sus amigos no dudaban de que Arnau saldría bien librado del interrogatorio.	
5.9.5	Pilar está enfadada con Fernando.	
5.9.6	Después de la reunión quedó resuelto el conflicto.	
5.9.7	¿Sigues decidido a estudiar traductología?	
5.9.8	Este documento es fatal. Llevo ya cincuenta errores contados.	
5.9.9	Mirando la televisión, el abuelo quedaba siempre dormido.	
5.9.10	He dejado hecha la cena.	
5.9.11	Te has dejado las luces de la casa encendidas.	
5.9.12	Carlos anda convencido de que le van a dar el puesto.	
5.9.13	Después del terremoto, esta zona quedó totalmente deshabitada.	
5.9.14	¿Dónde andas metido? No te hemos visto durante días.	
5.9.15	Mi libro de ejercicios iba dirigido a los estudiantes de la traductología.	
5.9.16	Todo esto va dicho por Kant en su *Crítica de la Razón Pura.*	
5.9.17	Las palabras de Consuelo me dejaron encantado.	
5.9.18	¡No es posible que continúes dormido!	
5.9.19	El portero alemán Timo Hildebrandt ya tiene firmado su contrato con el Valencia C.F.	
5.9.20	En el cárcel de Guantánamo, siguen detenidos más de 300 acusados, entre ellos incluso inocentes.	
5.9.21	Mira Juanma Bajo Ulloa, es de los mejores directores de España y posiblemente de Europa y lo tienen achicharrado porque no acepta que lo traten como un monigote.	
5.9.22	¡Dios nos coja confesados!	
5.9.23	Los niños tienen prohibido la televisión.	
5.9.24	Le venció la fatiga y se quedó dormido.	
5.9.25	El rastro de la destrucción, la ruina de la cultura, queda concretada en una fórmula escueta: pintar es igual a quemar.	

6 Adverbiale Bestimmungen und Appositionen

In spanischen Sätzen gibt es oft Einschübe oder Ergänzungen in Form von adverbialen Bestimmungen oder Appositionen, die den Hauptsatz oder gegebenenfalls den Nebensatz unterbrechen. Im Deutschen wird eine durchgängige Satzperiode bevorzugt. Die adverbialen Bestimmungen des Spanischen werden daher in der Regel als Adverbien oder ebenfalls als mehrgliedrige adverbiale Bestimmungen ins Deutsche übersetzt. Adverbiale Bestimmungen werden im Deutschen in der Regel nicht durch Kommata von den übrigen Satzgliedern abgetrennt.

Bei den Appositionen ist zu beachten, dass sie im Deutschen ebenfalls nachgestellt, aber meist mit dem unbestimmten Artikel versehen werden. Die Apposition kommt als erläuternder Zusatz im Deutschen wesentlich weniger häufig vor als im Spanischen. Stattdessen verwendet das Deutsche eher Relativsätze und Partizipialkonstruktionen. Dies ist bei der Übersetzung zu beachten. Appositionen werden im Deutschen durch Kommata vom Hauptsatz abgetrennt.

6.1 Adverbiale Bestimmungen

Adverbiale Bestimmungen stehen im Spanischen vorzugsweise am Anfang eines Satzes, in einigen Fällen können sie aber auch am Ende oder mitten im Satz stehen. In der Regel werden sie durch Kommata von der Satzperiode abgetrennt. Bei der Übersetzung ins Deutsche kann die Satzstellung der adverbialen Bestimmung zwar oft beibehalten werden, dies hängt jedoch nicht von der adverbialen Bestimmung als solcher oder von ihrer Bedeutung ab, sondern von der Thema-Rhema-Gliederung des entsprechenden Kontextes.

Bei der Thema-Rhema-Gliederung geht es um einen Ansatz, mit dem der inhaltliche Aufbau von Sätzen und Texten beschrieben werden kann. Dabei wird das Thema in der Regel als bekannte, gegebene, alte, vorerwähnte oder kontextuell präsente Information definiert, während das Rhema die neue, unbekannte Information enthält. Mit anderen Worten: Das Thema ist dasjenige, *worüber* gesprochen wird, und das Rhema dasjenige, *was* ausgesagt wird.

In der Regel – und sehr vereinfacht gesagt – steht das Thema am Satzanfang und das Rhema am Satzende. Dies gilt für das Spanische und das Deutsche gleichermaßen. Ausnahmen von dieser Regel, die im Deutschen häufiger sind als im Spanischen, sind grundsätzlich stilistisch markiert.

Bei der Übersetzung von Einzelsätzen kann die Thema-Rhema-Gliederung eines größeren Kontextes (Absatz, Abschnitt, Gesamttext) naturgemäß nicht in Betracht kommen. Ich möchte allerdings an dieser Stelle zu bedenken geben, dass die unreflektierte Übernahme der Satzstellung, die die adverbiale Bestimmung im spanischen Ausgangssatz hat, in der deutschen Übersetzung oft genug zu einem Bruch der thematischen Progression führt. Dies gilt besonders dann, wenn die adverbiale Bestimmung am Anfang des Satzes steht. In diesem Fall ist stets zu prüfen, ob die adverbiale Bestimmung im Spanischen – neben ihrer Bedeutung – auch eine Funktion im Rahmen der Thema-Rhema-Gliederung hat.

Im Folgenden werden einige adverbiale Bestimmungen in den Beispielsätzen aufgeführt. Es handelt sich dabei nicht um eine erschöpfende Liste aller möglichen adverbialen Bestimmungen. Das ist auch nicht notwendig, da es hier nicht primär um die Bedeutung geht, die fast in jedem guten Wörterbuch und in vielen Lerngrammatiken zu finden sind.

Primär geht es darum zu üben, auf welche Arten und Weisen die aus der Satzperiode herausgehobenen adverbialen Bestimmungen des Spanischen bei der Übersetzung ins Deutsche in die Satzperiode eingegliedert werden können oder gar müssen. Die konkrete Satzstellung der adverbialen Bestimmungen im Deutschen ist in den meisten Fällen abhängig von der Thema-Rhema-Gliederung des Satzes, die ohne den dazugehörigen Kontext selten festgelegt werden kann.

6.1.1 Adverbiale Bestimmungen der Zeit

Adverbiale Bestimmungen der Zeit geben an, *wann, ab wann, bis wann* oder *wie lange* eine Handlung oder ein Sachverhalt sich ereignet.

6.1.1.1 Incluso el decreto real en que, **en el año 1561**, se prescribe a la Universidad de Salamanca el latín como lengua docente está redactado en lengua española.

6.1.1.1a Sogar der königliche Erlass, in dem der Universität Salamanca **im Jahre 1561** das Lateinische als Unterrichtssprache vorgeschrieben wird, ist in spanischer Sprache abgefasst.

6.1.1.1b Selbst der königliche Erlass, in dem der Universität Salamanca **im Jahre 1561** das Lateinische als Unterrichtssprache vorgeschrieben wird, ist in spanischer Sprache abgefasst.

6.1.1.1c Selbst der königliche Erlass **aus dem Jahre 1561**, in dem der Universität Salamanca das Lateinische als Unterrichtssprache vorgeschrieben wird, ist in spanischer Sprache abgefasst.

6.1.1.2 El Neoclasicismo, **al final del siglo**, estaba acabado.

6.1.1.2a Der Neoklassizismus war **am Ende des Jahrhunderts** erschöpft.

6.1.1.2b **Am Ende des Jahrhunderts** war der Neoklassizismus erschöpft.

6.1.2 Adverbiale Bestimmungen des Ortes

Adverbiale Bestimmungen des Ortes geben an, *wo* eine Sache oder Person sich befindet.

6.1.2.1 **En el vídeo**, una niña de 13 años cuenta su historia.

6.1.2.1a **In dem Video** erzählt ein 13jähriges Mädchen seine Geschichte.

6.1.2.1b Ein 13jähriges Mädchen erzählt **in dem Video** seine Geschichte.

6.1.2.2 **En este film**, Leonardo di Caprio se ha reinventado a sí mismo.

6.1.2.2a **In diesem Film** hat Leonardo di Caprio sich selbst neu erfunden.
6.1.2.2b Leonardo di Caprio hat sich **in diesem Film** selbst neu erfunden.
6.1.2.2c Leonardo di Caprio hat sich selbst **in diesem Film** neu erfunden.

Bei Beispielsatz 6.1.2.2c ist zu beachten, dass das Wort *selbst* sich zum einen als Pronomen auf den Schauspieler beziehen kann, wie in den beiden vorangegangenen Besipielsätzen; es kann aber auch als Adverb - dann im Sinne von *sogar* - gedeutet und auf den Film bezogen werden. Diese zweite Lesart wäre, da im Spanischen nicht vorhanden, für die Übersetzung nicht erwünscht.

6.1.3 Adverbiale Bestimmungen der Richtung

Adverbiale Bestimmungen der Richtung geben an, *woher* oder *wohin* eine Sache oder Person kommt bzw. sich bewegt.

6.1.3.1 **Desde las islas Feroe**, el siguiente gran salto en su expansión llevó a los vikingos hasta Islandia.
6.1.3.1a Der nächste große Schritt führte die Wikinger bei ihrer Expansion **von den Färöer-Inseln** bis nach Island.
6.1.3.1b **Von den Färöer-Inseln** führte die Wikinger der nächste große Schritt bei ihrer Expansion bis nach Island.

6.1.3.2 Los conquistadores llegaron **hasta el Sur del continente**.
6.1.3.2a Die Eroberer kamen **bis in den Süden des Kontinents**.

6.1.4 Adverbiale Bestimmungen der Art und Weise

Adverbiale Bestimmungen der Art und Weise geben an, *wie* eine Handlung ausgeführt wird.

6.1.4.1 Tales incidentes, **sin embargo**, no se repitieron por entonces.
6.1.4.1a Solche Zwischenfälle wiederholten sich damals **dennoch** nicht.
6.1.4.1b Solche Vorfälle wiederholten sich damals **trotzdem** nicht.

6.1.4.2 Hay quien habla, **y con razón**, de la hamburguesa como la comida de la globalización.
6.1.4.2a Einige bezeichnen den Hamburger, **und das zu Recht**, als das Essen der Globalisierung.

6.1.4.3 Los chicos, **felizmente**, han terminado sus exámenes.
6.1.4.3a Die Kinder haben **zum Glück** die Prüfungen hinter sich.
6.1.4.3b Die Kinder haben die Prüfungen **zum Glück** hinter sich.
6.1.4.3c **Zum Glück** haben die Kinder die Prüfungen hinter sich.

Bei Satz 6.1.4.3 ist zu beachten, dass das Adverb *felizmente* vor dem Subjekt, vor dem Verb, zwischen beiden Verbteilen, nach dem Verb und nach dem Objekt stehen kann. Welche Position im Satz es im Deutschen einnimmt, ist zum einen abhängig von der Funktion des Adverbs im satzübergreifenden Kontext des spanischen Ausgangstextes und zum anderen von den Gegebenheiten des deutschen

Zieltexts. Die deutsche Satzstellung nur und ausschließlich anhand der spanischen Satzstellung zu bestimmen, ist zu kurz gegriffen und kann im Übrigen nicht für jeden Fall nachgeahmt werden. So ist es zum Beispiel in schriftsprachlicher Verwendung gerade nicht möglich, das deutsche *zum Glück* direkt hinter das Subjekt zu setzen; auch ein Abtrennen mit Kommata ist an dieser Position nicht möglich:

6.1.4.3c *Die Kinder **zum Glück** haben die Prüfungen hinter sich.
6.1.4.3c *Die Kinder, **zum Glück**, haben die Prüfungen hinter sich.

6.1.4.4 **De hecho**, Guille no cree en la crisis de los treinta.
6.1.4.4a **Tatsächlich** glaubt Guille nicht an die Krise mit 30.
6.1.4.4b **Eigentlich** glaubt Guille nicht an die Krise mit 30.
6.1.4.4c Guille glaubt **nämlich** nicht an die Krise mit 30.

6.1.5 Sonstige adverbiale Bestimmungen

Unter sonstigen adverbialen Bestimmungen fasse ich alle diejenigen zusammen, die nicht eindeutig als temporale, lokale, direktive oder modale Bestimmungen zu fassen sind.

6.1.5.1 **Según los estudios,** los paneles, decorados con gladiadores, formaban parte del mausoleo de un rico magistrado romano del siglo I a. C.
6.1.5.1a Die mit Gladiatoren verzierten Wandreliefs waren **den Untersuchungen zufolge** Teil des Mausoleums eines reichen römischen Magistrats des 1. Jahrhunderts v. Chr.

6.1.5.2 Muestran, **por un lado**, a un gladiador arrodillado.
6.1.5.2a Sie zeigen **zum einen** einen knienden Gladiator.

6.1.5.3 **A cambio**, Marco Aurelio renunciaba a la expansión territorial.
6.1.5.3a **Im Gegenzug** verzichtete Marc Aurel auf eine Gebietserweiterung.
6.1.5.3b Marc Aurel verzichtete **im Gegenzug** auf eine territoriale Expansion.
6.1.5.3c **Dafür** verzichtete Marc Aurel auf eine Gebietserweiterung.
6.1.5.3d Marc Aurel verzichtete **dafür** auf eine Gebietserweiterung.

6.2 Appositionen

In der Sprachwissenschaft unterscheidet man zwischen engen (unselbständigen) und lockeren (selbstständigen) Appositionen. Die spanischen Bezeichnungen sind *aposición especificativa* und *aposición explicativa* (spezifizierende und erklärende Apposition).

Typische Beispiele für enge (spezifizierende) Appositionen sind (Cartagena/Gauger 1989, II, 48f.):

Der Torhüter Sepp Maier	El guardameta Sepp Maier
Der Revolutionär Emiliano Zapata	El revolucionario Emiliano Zapata
Papst Johannes Paul II.	El papa Juan Pablo II
Peter der Große	Pedro el grande

Aus syntaktischer Sicht dürften diese engen Appositionen dem Übersetzer keinerlei Schwierigkeiten bereiten. Deshalb wenden wir uns im Folgenden ausschließlich den lockeren, erklärenden Appositionen zu.

Die lockere Apposition wird im Spanischen und im Deutschen vom jeweiligen Bezugswort durch ein Komma abgetrennt, das in der gesprochenen Sprache durch eine kurze Sprechpause „hörbar" wird.

6.2.1 El Ebro, **uno de los pocos ríos caudalosos de España**, nace en Fontibre.

6.2.1a Der Ebro, **einer der wenigen wasserreichen Flüsse Spaniens**, entspringt in Fontibre.

6.2.1b Der Ebro, **einer der wenigen wasserreichen spanischen Flüsse**, entspringt in Fontibre.

Wenn die Apposition das Subjekt des Satzes näher erklärt, ist es auch möglich, die Apposition durch Einfügen der Kopula *sein* zu einem Gliedsatz zu machen und mit der Konjunktion *und* an den Hauptsatz anzuschließen:

6.2.1c Der Ebro entspringt in Fontibre **und ist** einer der wenigen wasserreichen spanischen Flüsse.

Eine andere Möglichkeit, eine Apposition aufzulösen, besteht darin, statt ihrer einen Relativsatz zu konstruieren. Auch hier ist neben dem passenden Relativpronomen auch die Kopula *sein* einzusetzen:

6.2.1d Der Ebro, **der** einer der wenigen wasserreichen spanischen Flüsse **ist**, entspringt in Fontibre.

In der Regel muss eine Apposition beim Übersetzen aus dem Spanischen ins Deutsche nicht aufgelöst und durch andere Satzkonstruktionen ersetzt werden. Der Übersetzer hat aber grundsätzlich die Möglichkeit dazu. Ob er von ihr Gebrauch macht, ist abhängig von seiner Übersetzungsstrategie. Wenn es aus stilistischen oder textsortenspezifischen Gründen sinnvoll erscheint, wird er dieses Mittel nutzen. In der Regel ist die Wiedergabe einer subjektbezogenen spanischen Apposition durch eine deutsche Apposition die elegantere Lösung und daher vorzuziehen.

6.2.2 Maguncia es la ciudad natal de Juan Gutenberg, **el inventor de la imprenta**.

6.2.2a Mainz ist die Geburtsstadt Johannes Gutenbergs, **des Erfinders des Buchdrucks**.

6.2.2b Mainz ist die Geburtsstadt von Johannes Gutenberg, **dem Erfinder des Buchdrucks**.

Wenn die Apposition das Objekt oder Prädikativum des Satzes oder eine attributive Ergänzung (wie in Satz 6.2.2) näher erklärt, ist es als Alternative zur Wiedergabe als Apposition nur möglich, einen vom Objekt/Prädikativum oder von der attributiven Ergänzung abhängigen Relativsatz zu konstruieren. Zu dieser Möglichkeit greift der Übersetzer nur in den seltensten Fällen. Diese Umformung gehört aber auch in das übersetzerische Repertoire.

6.2.2c Mainz ist die Geburtsstadt Johannes Gutenbergs, **der** der Erfinder des Buchdrucks **ist**.

Im Spanischen wird die Apposition auch als rhetorisches Mittel zur Wiederholung des Bezugswortes eingesetzt, um diesem weitere Attribute hinzufügen zu können. Diese Art von Apposition ist im Deutschen eher unüblich und findet sich auch fast ausschließlich in deutschen Übersetzungen aus einer der romanischen Sprachen. Nur in seltenen Fällen macht ein deutscher Schriftsteller oder ein Autor wissenschaftlicher Werke von dieser Möglichkeit Gebrauch. In technischen oder wirtschaftlichen Fachtexten ist diese Art von Apposition verpönt.

Im Spanischen ist die Einfügung eines Substantivs oder Pronomens in appositiver Stellung immer dann grammatikalisch erforderlich oder stilistisch geboten, wenn das zu erklärende Wort nicht eindeutig bestimmt ist. Im Beispielsatz 6.2.3 ist nicht eindeutig klar, was Oliva ist: eine Stadt, ein Dorf, eine Siedlung, eine Region, ein Department oder gar der Name einer Frau? Die Apposition hebt diese Zweifel auf und ermöglicht den Anschluss eines weiter erklärenden Nebensatzes. In diesem Fall hat der Übersetzer die Wahl zwischen einer Lösung mit Apposition (6.2.3a und 6.2.3b) und einer Lösung mit Relativsatz ohne Apposition (6.2.3c). Es ist aber auch möglich, die in der Apposition enthaltene Information vorzuziehen und als Objekt des Hauptsatzes zu konstruieren (6.2.3.d).

6.2.3 Javier viaja con su mujer hasta Oliva, **ciudad donde** viven los padres de Javier.

6.2.3a Javier reist mit seiner Frau nach Oliva, **der Stadt**, **wo** seine Eltern wohnen.

6.2.3b Javier fährt mit seiner Frau nach Oliva, **der Stadt**, **in der** seine Eltern wohnen.

6.2.3c Javier reist mit seiner Frau nach Oliva, **wo** seine Eltern wohnen.

6.2.3d Javier reist mit seiner Frau **in die Stadt** Oliva, **wo** seine Eltern wohnen.

Bei Lösung 6.2.3c fehlt die Information, dass es sich bei Oliva um eine Stadt handelt. Wenn diese Information im weiteren Kontext des Satzes erwähnt oder aus ihm erschließbar ist, kann darauf verzichtet werden. Ist dies nicht der Fall und muss aus stilistischen Gründen eine appositionslose Formulierung gefunden werden, empfiehlt sich Lösung 6.2.3d.

Die Einfügung eines Substantivs oder Pronomens in appositiver Stellung ist im Spanischen auch immer dann erforderlich, wenn der erklärende Relativsatz nicht direkt an das Bezugswort angeschlossen werden kann, weil ein weiteres Satzglied dazwischengeschaltet ist.

6.2.4 Este mes os propongo uno de los discos de David Bowie, **uno que** la gente no suele conocer: *Low*.

6.2.4a Diesen Monat stelle ich euch eine Schallplatte von David Bowie vor, **eine**, die die Leute kaum kennen: *Low*.

6.2.4b Diesen Monat stelle ich euch eine der Schallplatten von David Bowie vor, **die** man kaum kennt: *Low*.

6.2.4c Diesen Monat stelle ich euch eine der Schallplatten von David Bowie vor, **die** kaum jemand kennt: *Low*.

In Beispielsatz 6.2.4 folgt dem Bezugswort (*uno de los discos*) direkt eine attributive Bestimmung (*de David Bowie*). Stünde der Relativsatz direkt nach *David Bowie*, würde sich das Relativpronomen *que* auf den Musiker beziehen:

6.2.5 Este mes os propongo uno de los discos de David Bowie **que** la gente no suele conocer.

6.2.5a Diesen Monat stelle ich euch eine der Schallplatten von David Bowie vor, **den** kaum jemand kennt.

Die folgenden Beispielsätze 6.2.6 und 6.2.6a sind aufgrund der unmotivierten Nennung des Plattennamens (*Low*) nach dem Doppelpunkt schlecht konstruiert.

*6.2.6 Este mes os propongo uno de los discos de David Bowie **que** la gente no suele conocer: *Low*.

*6.2.6a Diesen Monat stelle ich euch eine der Schallplatten von David Bowie vor, **den** kaum jemand kennt: *Low*.

Die spanische Sprache bietet in der Apposition eine gute und einfache Lösung für das Bezugsproblem an. Durch die Apposition ist klar, worauf sich der Relativsatz beziehen soll. Sie ist also ein Mittel, um Eindeutigkeit herzustellen. In der Regel empfiehlt sich die Auflösung dieser Art von Apposition durch Weglassen des Bezugsworts, das den nachfolgenden Nebensatz – der meist ein Relativsatz ist – einleitet. Dies ist möglich, weil der Bezug im Deutschen meistens durch das verwendete Relativpronomen bereits eindeutig ist. Nur wenn die Eindeutigkeit nicht bereits durch das Relativpronomen gegeben ist oder andere Kriterien – z. B. der Autorenstil – eine Rolle spielen, sollte der Übersetzer diese Art von Apposition auch im Deutschen durch eine Apposition wiedergeben.

6.3 Übungen zu den adverbialen Bestimmungen und Appositionen

6.3.1 Übersetzungsrelevante Satzanalyse

Bevor Sie sich an die Übersetzung der nachfolgenden Übungssätze zu den adverbialen Bestimmungen und Appositionen machen, sollten Sie eine übersetzungsrelevante Satzanalyse durchführen, um sich deren syntaktische Struktur zu vergegenwärtigen und die Funktion der einzelnen Teilsätze und Satzglieder zu analysieren.

Für Satz 6.3.2.2 sieht das Ergebnis der formalen Satzanalyse wie folgt aus: Der Hauptsatz ist durch die Apposition entzwei geteilt und lautet: *Gabriel Sánchez se encuentra en su estudio*. Dabei ist *Gabriel Sánchez* das Subjekt, *se encuentra* ist das Prädikat und *en su estudio* ist eine adverbiale Bestimmung. An den Hauptsatz schließt sich ein gerundialer Nebensatz an, der aus dem Prädikat *leyendo* und dem direkten Objekt *su retrato* besteht. Die Apposition ist *locutor de un programa nacional de radio*.

Für Satz 6.3.2.2 sieht das Ergebnis der funktionalen Satzanalyse wie folgt aus: Das Subjekt sagt uns, um *wen* es geht: *Gabriel Sánchez*. Das Prädikat sagt uns, *was* er tut: *se encuentra*. Und die adverbiale Bestimmung sagt uns, *wo* er sich befindet: *en su estudio*. Der gerundiale Nebensatz sagt uns, *was* er dort tut: *leyendo su retrato*. Die Apposition sagt uns, *wer* Gabriel Sánchez ist: *ein Radiosprecher*.

Aus der Analyse ergeben sich die folgenden Übersetzungslösungen:

6.3.2.2 Gabriel Sánchez, locutor de un programa nacional de radio, se encuentra en su estudio leyendo su retrato.

6.3.2.2a Gabriel Sánchez, der Sprecher eines nationalen Radioprogramms, befindet sich in seinem Studio und liest sein Porträt.

6.3.2.2b Der Sprecher eines landesweiten Radiosenders Gabriel Sánchez befindet sich in seinem Studio und liest sein Porträt.

6.3.2.2c Gabriel Sánchez ist Sprecher eines landesweiten Radioprogramms und liest in seinem Studio sein Porträt.

In der Regel können Subjekt und Apposition gegeneinander vertauscht werden. Das bedeutet, dass sowohl der Name Gabriel Sánchez durch eine Berufsbezeichnung als Apposition erklärt werden kann, als auch, dass der Radiosprecher in Subjektposition - ja, welcher Radiosprecher denn? - durch den Namen als Apposition genauer bezeichnet werden kann. Dies können wir uns beim Übersetzen zunutze machen. Die Sätze 6.3.2.2a und 6.3.2.2b zeigen zwei mögliche Lösungen.

Viele Appositionen können - müssen aber nicht - aufgelöst werden, indem man das Prädikat *sein* einfügt und die Apposition zu einem direkten Objekt erhebt, der zweite Teil des Satzes muss dann mit einem *und* angeschlossen werden. Satz 6.3.2.2c ist ein Beispiel für dieses Vorgehen.

Für Satz 6.3.3.5 sieht das Ergebnis der formalen Satzanalyse wie folgt aus: Der Satz beginnt mit der adverbialen Bestimmung *al frente de una orden religiosa*, an die sich die - statt eines Relativsatzes verwendete - attributive Partizipialkonstruktion *extendida por toda Europa* anschließt. Dann folgt der Hauptsatz mit dem Subjekt *los abades de Cluny*, dem Prädikat *rivalizaron* und der adverbialen Bestimmung *con príncipes, reyes y papas*. Die Wortgruppe *en poder* ist eine weitere adverbiale Bestimmung, die das Prädikat ergänzt.

Für Satz 6.3.3.5 sieht das Ergebnis der funktionalen Satzanalyse wie folgt aus: Das Subjekt sagt uns, um *wen* es geht: *los abades de Cluny*, also um die Äbte des Klosters Cluny. Das Prädikat sagt uns, *was* sie tun: *rivalizaron*. Und die adverbiale

Bestimmung sagt uns, *mit wem* sie stritten: *con príncipes, reyes y papas.* Bleibt die Frage, *worum* sie stritten: *en poder,* also *um die Macht.*

Welche Information enthält nun die satzeinleitende adverbiale Bestimmung *al frente de una orden religiosa*? Sie gibt an, an welchem (abstrakten) Ort sich die Äbte befinden: Sie stehen an der Spitze eines bestimmten Ordens. Die Partizipialkonstruktion *extendida por toda Europa* gibt uns eine Vorstellung, um was für einen Orden es sich handelt.

Aus der Analyse ergeben sich die folgenden Übersetzungslösungen:

6.3.3.5 Al frente de una orden religiosa extendida por toda Europa, los abades de Cluny rivalizaron en poder con príncipes, reyes y papas.

6.3.3.5a An der Spitze eines über ganz Europa ausgedehnten Ordens stehend, stritten die Äbte von Cluny mit Fürsten, Königen und Päpsten um die Macht.

6.3.3.5b Die Äbte von Cluny, die einem über ganz Europa ausgedehnten Orden vorstanden, stritten mit Fürsten, Königen und Päpsten um die Macht.

6.3.2 Einfache Übungssätze zu den adverbialen Bestimmungen und Appositionen

Gehen Sie bei der Übersetzung der nachfolgenden einfachen Übungssätze bitte wie folgt vor: (1) Führen Sie als erstes eine übersetzungsrelevante Satzanalyse durch. (2) Bestimmen Sie die Art der adverbialen Bestimmung bzw. Apposition und tragen Sie sie in die Spalte *Art* ein. (3) Schlagen Sie im entsprechenden Unterkapitel nach, welche Lösungsmöglichkeiten für die jeweilige Art der adverbialen Bestimmung bzw. Apposition angegeben sind. (4) Versuchen Sie für jeden der nachfolgenden Übungssätze, mehrere, syntaktisch verschiedene Übersetzungen zu erstellen. (5) Nehmen Sie eine stilistische Bewertung der verschiedenen von Ihnen angefertigten Übersetzungen vor.

Nr.	Übungssatz	Art
6.3.2.1	El veterano dramaturgo Rudolf Sirera reconoció, en nombre de la profesión, su alegría por estas nominaciones.	
6.3.2.2	Gabriel Sánchez, locutor de un programa nacional de radio, se encuentra en su estudio leyendo su retrato.	
6.3.2.3	Vicente, tras una estancia en Madrid, decidió regresar a Valencia.	
6.3.2.4	Silverio, en el patio, se dedicaba a requebrar a Candelita, la doncella de Beatriz.	
6.3.2.5	Más allá de la ficción, los tres protagonistas se dejaron, literalmente, la piel.	

6.3.2.6	Un director teatral, antifranquista comprometido, lucha por hacer un film de denuncia social.	
6.3.2.7	Hay un libro muy gracioso, de Jorge de Cominges (director de la revista *Qué leer*), sobre la época de los años 70.	
6.3.2.8	Yo no sé como es la vida: sólo la observo y, entre otros temas, trato de reflejar las diferencias generacionales.	
6.3.2.9	A partir de aquí, hablo de los nuevos tipos de familia.	
6.3.2.10	Durante la larga ausencia de Teseo, las cosas en Atenas habían cambiado.	
6.3.2.11	A bordo de sus características navíos, los vikingos cruzaron el Atlántico norte hasta alcanzar América.	
6.3.2.12	Breton, jefe de los surrealistas, vio en Picasso una pintura sobre la revolucionaria amenaza del subconsciente, y tenía razón.	
6.3.2.13	En los paneles se representaba un único tema, la lucha de gladiadores, en seis escenas sucesivas.	
6.3.2.14	En el norte de Italia, hace más de mil años, vivía una joven reina llamada Adelaida.	
6.3.2.15	A lo lejos, hacia el valle, se podían ver las casas de la ciudad.	
6.3.2.16	Del otro lado, en las lindes del desierto, se alzaban las montañas.	
6.3.2.17	En primer lugar, se cuenta que reunió bajo un mismo mando los demos del Ática.	
6.3.2.18	En el documento de fundación, el duque renunciaba a todos los derechos de propiedad.	
6.3.2.19	El abad Odón es elegido papa, con el nombre de Urbano II.	
6.3.2.20	Los tercios fueron, según se dijo en su tiempo, la mejor infantería del mundo.	

6.3.3 Komplexe Übungssätze zu den adverbialen Bestimmungen und Appositionen

Gehen Sie bei der Übersetzung der nachfolgenden komplexen Übungssätze bitte wie folgt vor: (1) Führen Sie als erstes eine übersetzungsrelevante Satzanalyse durch. (2) Bestimmen Sie die Art der adverbialen Bestimmung bzw. Apposition und tragen Sie sie in die Spalte *Art* ein. (3) Schlagen Sie im entsprechenden Unterkapitel nach, welche Lösungsmöglichkeiten für die jeweilige Art der adverbialen Bestimmung bzw. Apposition angegeben sind. (4) Versuchen Sie für jeden der nachfolgenden Übungssätze, mehrere, syntaktisch verschiedene Übersetzungen zu erstellen. (5) Nehmen Sie eine stilistische Bewertung der verschiedenen von Ihnen angefertigten Übersetzungen vor.

Nr.	Übungssatz	Art
6.3.3.1	El restaurante La Cantinella está en El Cabañal, el barrio más napolitano de Valencia, y está famoso por su cocina italiana de casa.	
6.3.3.2	Através de la música y de su zapateado inconfundible, Joaquín Cortés nos pone en comunicación directa con su alma y su arte.	
6.3.3.3	Una arriesgada apuesta interdisciplinar, el Centro de Arte y Creación Industrial, dará nueva vida al inmenso recinto de la antigua Universidad Laboral de Gijón.	
6.3.3.4	Diez años después de su inauguración, en el desván y la azotea de La Pedrera[1], el espacio que pasa revista a la obra e influencias de Gaudí cambia su discurso y presentación.	
6.3.3.5	Al frente de una orden religiosa extendida por toda Europa, los abades de Cluny rivalizaron en poder con príncipes, reyes y papas.	
6.3.3.6	Mientras tanto, en plena Primera Guerra Mundial, y desde su exilio en Suiza, el *factotum* del cubismo, Daniel Henry Kahnweiler, quizá no supo entender el cuadro.	
6.3.3.7	De las filas de los monjes de Cluny salieron numerosos pontífices, como Gregorio VII y Urbano II, hecho que da cuenta de la gran importancia de la Orden.	
6.3.3.8	Chrétien de Troyes, poeta y trovador de la Francia del siglo XII, dejó inconclusa por defunción esta narración artúrica, la quinta de sus grandes obras.	
6.3.3.9	La de María Kodama es una historia de admiración por el que fue su compañero entre 1975 y 1986: Jorge Luis Borges.	
6.3.3.10	Borges comenzó a estudiar islandés –idioma del que Kodama era traductora– con la que se convertiría más tarde en su inseparable compañera.	

[1] Ein anderer Name der Casa Milá in Barcelona, die Gaudí geplant hat.

6.3.3.11	Ava Gardner ha generado una enorme cantidad de literatura tanto mientras vivía como después de su muerte, por lo que parece difícil que se pueda decir algo nuevo sobre ella.	
6.3.3.12	Como en todas las películas del cineasta catalán Óscar Jaenada, los sentimientos están a flor de piel y llevan a los personajes al borde del abismo.	
6.3.3.13	Aparentemente autobiográfica, la penúltima novela de Ferrán Torrent es la crónica de la iniciación de un joven valenciano.	
6.3.3.14	Carlo Ponti, nacido el 11 de diciembre de 1912 en Magenta (Lombardia), contribuyó al relanzamiento del cine italiano de la posguerra.	
6.3.3.15	En la vida monástica en Occidente, muy diversa en sus orígenes, se impuso a partir del siglo VI el modelo benedictino.	
6.3.3.16	Tras ser Charlie Parker en Bird, Forest Whitaker se transforma ahora en el temible dictador africano Idi Amin en esta sobrecogedora fábula que mezcla realidad y ficción.	
6.3.3.17	Cuando, en 1972, Leo Steinberg publicó, en dos entregas sucesivas, su primer escrito sobre *Las Señoritas de Aviñón* titulado, significativamente, *El burdel filosófico,* las circunstancias sociales e históricas habían cambiado mucho.	
6.3.3.18	En esa habitación suplementaria, debajo de su estudio principal, Picasso se encerró, al aparecer, para elaborar la mayor parte de los bocetos preparatorios del cuadro que conocemos con el título de *Las Señoritas de Aviñón*.	
6.3.3.19	A sus 56 años, Meryl Streep se convertirá en una *dancing queen* en su próximo proyecto, la adaptación cinematográfica de *Mamma Mia!*, el musical, basado en las canciones del cuarteto sueco ABBA.	
6.3.3.20	Francisco Salzillo, tercero de los hijos del escultor napolitano Nicolás Salzillo, nació en Murcia, donde permaneció toda su vida a pesar de los intentos de llevarlo a la Corte por parte del conde de Floridablanca, uno de sus paisanos más influyentes.	

7 Relativsätze

Im Spanischen gibt es verschiedene Pronomen, mit denen Relativsätze eingeleitet werden können. Hierzu gehört selbstverständlich das nominale Relativpronomen *par excellence*: das vieldeutige *que*. Dieses kann alleine oder in Verbindung mit dem bestimmten Artikel auftreten (*el que, la que, lo que, los que, las que*). Darüber hinaus können *quien* und *cual* als Relativpronomen eingesetzt werden; letzteres ebenfalls in Verbindung mit dem bestimmten Artikel (*el cual, la cual, los cuales, las cuales*).

Bei den Relativsätzen unterscheidet man zwischen dem klassifizierenden (oder determinierenden) Relativsatz einerseits und dem qualifizierenden (oder explikativen) Relativsatz andererseits. Während im Deutschen alle Relativsätze durch Kommata vom Hauptsatz abgetrennt werden, werden im Spanischen nur die qualifizierenden Relativsätze durch Kommata vom Hauptsatz abgetrennt. Der Unterschied zwischen klassifizierenden/determinierenden und qualifizierenden/explikativen Relativsätzen wird im Deutschen nicht markiert. Dies stellt natürlich eine besondere Herausforderung bei der Übersetzung aus dem Deutschen ins Spanische dar (Cartagena/Gauger 1989, II, 47).

Zunächst ein Beispiel für einen determinativen Relativsatz:

7.1 Las casas **que** hemos visto son muy caras.
7.1a Die Häuser, die wir gesehen haben, sind sehr teuer.

Und nun ein Beispiel für einen explikativen Relativsatz:

7.2 Las casas**, que** hemos visto**,** son muy caras.
7.2a Die Häuser, die wir gesehen haben, sind sehr teuer.
7.2b Die Häuser, die wir schon gesehen haben, sind sehr teuer.
7.2c Die Häuser sind sehr teuer. Wir haben sie übrigens schon gesehen.

Satz 7.2c zeigt sehr deutlich, dass der explikative Relativsatz im Spanischen als Zusatzinformation aufzufassen ist, die der Sprecher seinem Gesprächspartner geben kann, die dieser zum Verständnis des Gesagten aber nicht unbedingt benötigt. Insofern funktioniert der explikative Relativsatz wie eine Apposition. Es muss wohl nicht extra betont werden, dass Sätze vom Typ 7.2c in der Regel nur in Lehrwerken als Übersetzung für Sätze vom Typ 7.2 zu finden sein dürften, da der Unterschied zwischen determinativen und explikativen Relativsätzen für deutsche Zieltexte in der Regel unerheblich ist.

Und hier noch ein Beispiel für einen explikativen Relativsatz:

7.3 Entre mis lectores hay muchos hombres -además, por supuesto de las mujeres, **que leen mucho-**.
7.3a Unter meinen Lesern sind viele Männer - natürlich neben den Frauen, **die ja sehr viel lesen**.

7.3b Unter meinen Lesern sind viele Männer - natürlich neben den Frauen, **die ja grundsätzlich viel lesen.**

Den obigen Relativsatz flicht die Autorin Julia Navarro in einem Interview aus *Qué leer* als Zusatzinformation ein, nämlich um anzudeuten, dass Frauen ja grundsätzlich mehr oder häufiger lesen als Männer. Ohne das Komma vor dem *que* wäre der Relativsatz determinativ und hätte die Bedeutung, dass die Autorin nur diejenigen Frauen als Leserinnen hätte, die viel lesen. Die anderen Frauen, also die, die wenig lesen, gehörten dann nicht zu ihrem Leserkreis.

Der determinierende Relativsatz ist nur mit *que* möglich; während der Gebrauch von *quien* und *Artikel + cual* auf den explikativen Nebensatz beschränkt ist (Cartagena/ Gauger 1989, II, 47).

Aber auch hier wollen wir uns auf die für das Übersetzen schwierigeren Relativanschlüsse beschränken, nämlich *Artikel + que* und *Artikel + cual.* Diese Relativpronomen können - ähnlich wie im Deutschen - zusätzlich zusammen mit einer Präposition eingesetzt werden.

Vielleicht ist es an dieser Stelle nützlich eine Aufstellung der verschiedenen Pronomen wiederzugeben, die einen Relativsatz einleiten können.

	Sache oder Person	Person	Sache oder Person		Sachverhalt
			maskulin	feminin	neutrum
Singular	que	quien	el que el cual	la que la cual	lo que lo cual
Plural	que	quienes	los que los cuales	las que las cuales	

Tabelle: Formen der spanischen Relativpronomen

Während Relativpronomen keinen Akzent tragen, sind die Fragepronomen (*qué, quién, cuál* usw.) mit einem Akzent zu versehen. Auch die Fragepronomen können einen Nebensatz einleiten.

7.1 Relativsätze mit *Artikel + que*

Das Relativpronomen *que* ist unveränderlich. Es wird verwendet, wenn das Substantiv, auf das es sich bezieht, eindeutig identifizierbar ist. Das ist bei kurzen Sätzen, die nur ein Subjekt und ein Objekt enthalten, meistens der Fall. Bei Personen kann auch *quien* verwendet werden.

Ist der Hauptsatz jedoch länger und sind mehrere Nebensätze an ihn angegliedert, fällt die Identifikation des Bezugswortes deutlich schwerer. Dann verwendet der Spanier die Relativpronomen *el que, la que, los que* und *las que.* Durch die nach Genus und Numerus unterscheidbaren Relativpronomen kann das Bezugswort wieder leicht erkannt werden.

7.1.1 La prima de Juan es la única a **la que** quiero.
7.1.1a Die Cousine von Juan ist die einzige, **die** ich liebe.

7.1.2 **La que** rompió el escaparate que lo diga.
7.1.2a **Diejenige, die** das Schaufester zerbrochen hat, soll es sagen.
7.1.2b **Die, die** das Schaufester zerbrochen hat, soll es sagen.

Die Relativpronomen *lo que* und *lo cual* beziehen sich nicht auf einzelne Substantive, haben also kein ihnen zugeordnetes Bezugswort, sondern verweisen auf ganze Sachverhalte. Sie stellen einen Bezug zum vorangehenden Haupt- oder Nebensatz her. Sie können allerdings auch als Subjekt (dann im Sinne von *was*) verwendet werden.

7.1.3 Haz **lo que** quieras.
7.1.3a Mach, **was** du willst.
7.1.3b Mach doch, **was** du willst.

7.1.4 Las turistas han llegado, **lo que** nos preocupa.
7.1.4a Die Touristen sind angekommen, **was** uns besorgt.

Auf einen nachgestellten Satz kann nur mit *lo que* (oder *todo lo que*) Bezug genommen werden.

7.1.5 **Lo que** están haciendo con nosotros, ustedes lo llaman limpieza étnica.
7.1.5a **Das, was** die mit uns machen, bezeichnen Sie als ethnische Säuberung.
7.1.5b **Was** die mit uns machen, bezeichnen Sie als ethnische Säuberung.

7.1.6 **Lo que** en Darfur sucede bien podría llamarse genocidio.
7.1.6a **Das, was** in Darfur geschieht, könnte man wohl Völkermord nennen.
7.1.6b **Was** in Darfur geschieht, könnte man gut als Völkermord bezeichnen.
7.1.6c **Was** in Darfur geschieht, kann man gut und gerne als Völkermord bezeichnen.

Die genannten Relativpronomen können auch in Verbindung mit einer Präposition auftreten. Hierbei ist zu beachten, dass nach einsilbigen Präpositionen *que* alleine stehen kann, nach mehrsilbigen Präpositionen muss aber der entsprechende Artikel hinzugesetzt werden.

7.1.6 La prima de Juan es la única **con (la) que** deseo casarme.
7.1.6a Die Cousine von Juan ist die einzige, **die** ich heiraten möchte.
7.1.6b Die Cousine von Juan ist die einzige, **mit der** ich mich verheiraten möchte.

7.1.7 Una gira de regreso **en la que** no hay canción que el público no coree.

7.1.7a Eine Comeback-Tour, **bei der** es kein Lied gibt, das das Publikum nicht mitsingt.
7.1.7b Eine Comeback-Tour, **bei der** das Publikum jedes Lied mitsingt.

7.1.8 Manolo Nieto cuenta una tragicomedia **en la que** la construcción de una casa simboliza mucho más.
7.1.8a Manolo Nieto erzählt eine Tragikomödie, **in der** der Bau eines Hauses noch viel mehr bedeutet.

7.1.9 Otón vivió siempre pendiente **de lo que** sucedía en Italia.
7.1.9a Otto lebte immer abhängig **von dem, was** in Italien geschah.
7.1.9a Otto lebte immer abhängig **von den Geschehnissen** in Italien.
7.1.9c Otto lebte immer in Abhängigkeit **von den Geschehnissen** in Italien.

7.1.10 Casi la mitad **de los que** no duermen rezan el rosario.
7.1.10a Fast die Hälfte **derjenigen, die** nicht schlafen können, beten den Rosenkranz.

7.1.11 Los acuerdos **a los que** se llegó fueron satisfactorios para Roma.
7.1.11a Für Rom waren die Verträge, **zu denen** es kam, zufriedenstellend.
7.1.11b Die Verträge, **zu denen** es kam, waren für Rom zufriedenstellend.
7.1.11c Die Verträge, **die** zustande kamen, waren für Rom zufriedenstellend.

Die genannten Relativpronomen können auch in Verbindung mit einem Indefinitpronomen der Menge (meist *muchos* oder *todos*) auftreten:

7.1.12 Cuando apareció la novela eran **muchos los que** en este país consideraban que no era la forma admisible de novelar.
7.1.12a Als der Roman erschien, waren **viele** in diesem Land der Ansicht, dass man so keinen Roman schreiben dürfe.

7.1.13 **Todo lo que** dices es importante para mí.
7.1.13a **Alles, was** du sagst, ist für mich wichtig.
7.1.13b **Alles, was** du sagst, ist wichtig für mich.
7.1.13c **Alles** ist wichtig für mich**, was** du sagst.

7.2 Relativsätze mit *Artikel + cual*

Die Formen mit *cual* sind in der Umgangssprache selten zu hören. Ihr Gebrauch ist im Wesentlichen auf die Schriftsprache beschränkt.

7.2.1 Las turistas han llegado, **lo cual** nos alegra.
7.2.1a Die Touristen sind angekommen, **was** uns freut.

7.2.2 El esposo de mi prima, **el cual** ha llegado hoy, es muy amable.
7.2.2a Der Ehemann meiner Cousine, **der** heute angekommen ist, ist sehr freundlich.
7.2.2b Der Mann meiner Cousine, **der übrigens** heute angekommen ist, ist sehr freundlich.

Der Zusatz *übrigens* in Satz 7.2.2.b hebt den explikativen Charakter des Relativsatzes hervor (vgl. a. Satz 7.2.3b).

7.2.3	El esposo de mi prima, **la cual** ha llegado hoy, es muy amable.
7.2.3a	Der Ehemann meiner Cousine, **die** heute angekommen ist, ist sehr freundlich.
7.2.3b	Der Mann meiner Cousine, **die übrigens** heute angekommen ist, ist sehr freundlich.
7.2.4	No veo a mis colegas **con las cuales** he venido.
7.2.4a	Ich sehe meine Kollegen nicht, mit denen ich gekommen bin.

Natürlich können auch die Formen mit *Artikel* + *cual* zusätzlich mit einer Präposition verbunden werden.

7.2.5	El barco **en el cual** hizo Maqroll su última viaje se llama *Tramp Steamer.*
7.2.5a	Das Schiff, auf dem Maqroll seine letzte Reise machte, heißt *Tramp Steamer.*
7.2.6	La empresa **para la cual** trabaja es muy famosa.
7.2.6a	Die Firma, **für die** er arbeitet, ist sehr berühmt.
7.2.6b	Das Unternehmen, **für das** er arbeitet, ist sehr berühmt.

Es dürfte deutlich geworden sein, dass die deutschen Übersetzungen und die darin verwendeten Relativpronomen keinerlei Hinweise auf die in den spanischen Sätzen verwendeten Relativpronomen enthalten. Steht im deutschen Satz das Relativpronomen *der*, kann im spanischen Satz *que, quien, el que* oder *el cual* gestanden haben. Es gibt also keine Eins-zu-eins-Entsprechungen zwischen den verschiedenen spanischen und deutschen Relativpronomen. Die Auswahl des „richtigen" deutschen Relativpronomens erfolgt ausschließlich nach zielsprachlichen Kriterien, also den Kriterien der deutschen Grammatik. Sie wird nicht durch die verwendeten spanischen Relativpronomen gesteuert.

7.3 Übungen zu den Relativsätzen

7.3.1 Übersetzungsrelevante Satzanalyse

Bevor Sie sich an die Übersetzung der nachfolgenden Übungssätze zu den Relativsätzen machen, sollten Sie eine übersetzungsrelevante Satzanalyse durchführen, um sich deren syntaktische Struktur zu vergegenwärtigen und die Funktion der einzelnen Teilsätze und Satzglieder zu analysieren.

Für Satz 7.3.2.14 sieht das Ergebnis der formalen Satzanalyse wie folgt aus: Der Hauptsatz besteht aus dem Prädikat *creo*, mit dem impliziten Subjekt *1. Person Singular*. Daran schließt sich ein Nebensatz an: *que los mejores proyectos son*, dessen Subjekt *los mejores proyectos* und dessen Prädikat *son* ist. An diesen Nebensatz schließt sich der Relativsatz *los que tienen un cierto nivel de genialidad* an, der aus dem Prädikat *tienen* und dem direkten Objekt *un cierto nivel de genialidad* besteht. Das implizite Subjekt des Prädikats *tienen* ist das Subjekt des vorangehenden Nebensatzes *los mejores proyectos*.

Für Satz 7.3.2.14 sieht das Ergebnis der funktionalen Satzanalyse wie folgt aus: Im Hauptsatz gibt ein Ich an, etwas zu glauben bzw. von etwas überzeugt zu sein. Der anschließende Nebensatz stellt dann fest, worin diese Überzeugung besteht, nämlich darin, dass die besten Projekte diejenigen sind, die eine bestimmte Eigenschaft besitzen. Der Nebensatz gibt nun an, welche Eigenschaft das ist.

Aus der Analyse ergeben sich die folgenden Übersetzungslösungen:

7.3.2.14 Creo que los mejores proyectos son los que tienen un cierto nivel de genialidad.

7.3.2.14a Ich glaube, dass die besten Projekte diejenigen sind, die ein gewisses Maß an Genialität aufweisen.

7.3.2.14b Ich bin überzeugt, die besten Projekte sind diejenigen, die ein gewisses Maß an Genialität aufweisen.

7.3.2.14c Ich glaube, dass die besten Projekte ein gewisses Maß an Genialität aufweisen.

7.3.2.14d Ich bin überzeugt, dass die besten Projekte ein gewisses Maß an Genialität aufweisen.

7.3.2.14e Ich glaube, die besten Projekte weisen ein gewisses Maß an Genialität auf.

7.3.2.14f Ich bin überzeugt, die besten Projekte weisen ein gewisses Maß an Genialität auf.

Den folgenden Satz 7.3.3.18 muss man sich wohl als Bildunterschrift eines Bildes vorstellen, das den argentinischen Schriftsteller Jorge Luís Borges und seine Muse und spätere Ehefrau María Kodama zeigt.

Das Ergebnis der formalen und funktionalen Satzanalyse für Satz 7.3.3.18 sieht wie folgt aus: Subjekt und Prädikat fehlen. Man könnte sich Formulierungen wie *das Bild zeigt* (*la foto mostra*) oder *man sieht* (*se ve*) hinzudenken. Der Beispielsatz beginnt dann mit dem direkten Objekt *Borges* und der adverbialen Bestimmung *junto a su polémica musa*. Direktes Objekt und adverbiale Bestimmung geben an, wer auf dem Bild zu sehen ist; außerdem besagt die adverbiale Bestimmung, wie die räumliche Zuordnung beider Personen beschaffen ist.

Daran schließt sich eine Apposition an, die aus dem Namen *María Kodama* besteht und angibt, wer die Muse von Borges ist. Der Name fungiert als Bezugswort für den sich anschließenden Relativsatz. Dieser besteht neben dem einleitenden Relativpronomen aus dem impliziten Subjekt *Borges*, dem Prädikat *trató de usted* und dem Adverb *siempre*. Die Angaben des Relativsatzes werden durch den folgenden temporalen Infinitivsatz ergänzt, der aus einem Adverb (*incluso*), einer Präposition (*después de*), einem Verb und einer adverbialen Bestimmung (*con ella*) besteht.

Aus der Analyse ergeben sich die folgenden Übersetzungslösungen:

7.3.3.18 Borges junto a su polémica musa, María Kodama, a la que siempre trató de usted, incluso después de casarse con ella.

7.3.3.18a Borges neben seiner streitbaren Muse María Kodama, die er immer siezte, sogar nachdem er sie geheiratet hatte.

7.3.3.18b Borges neben seiner streitbaren Muse María Kodama, die er stets mit Sie anredete, sogar noch nach der Heirat.

7.3.3.18c Borges neben seiner streitbaren Muse María Kodama, die er stets, sogar noch nach der Heirat, mit Sie anredete.

7.3.2 Einfache Übungssätze zu den Relativsätzen

Gehen Sie bei der Übersetzung der nachfolgenden einfachen Übungssätze bitte wie folgt vor: (1) Führen Sie als erstes eine übersetzungsrelevante Satzanalyse durch. (2) Bestimmen Sie die Art des Relativsatzes und tragen Sie sie in die Spalte *Art* ein. (3) Schlagen Sie im entsprechenden Unterkapitel nach, welche Lösungsmöglichkeiten für die jeweilige Art des Relativsatzes angegeben sind. (4) Versuchen Sie für jeden der nachfolgenden Übungssätze, mehrere, syntaktisch verschiedene Übersetzungen zu erstellen. (5) Nehmen Sie eine stilistische Bewertung der verschiedenen von Ihnen angefertigten Übersetzungen vor.

Nr.	Übungssatz	Art
7.3.2.1	Los que más le gustan son las novelas.	
7.3.2.2	Lo que dice es pura tontería.	
7.3.2.3	Era él quien gritaba, el que más gritaba.	
7.3.2.4	Por lo que se cuenta en el libro, parece que tu gran pasión es la pintura.	
7.3.2.5	Hacía años que Antonio Gala quería escribir la verdad de lo que ocurrió en aquellos años.	
7.3.2.6	Implícitamente, Henry Kamen desliza hacia las tinieblas del oscurantismo a todos los que no compartan su opinión.	
7.3.2.7	Se trataba de una novela primeriza sobre la que se proyectaba con nitidez la poderosa sombra kafkiana.	
7.3.2.8	Como resultado de esto, tengo un grupito de lectores que es el que me interesa.	
7.3.2.9	¿No se corresponde esto ya con algunas ideas estereotipadas sobre lo que llegará a ser el cubismo?	
7.3.2.10	Al fin, el bienintencionado guía se volvió a quienes le habían contratado para tan compleja misión.	

7.3.2.11	"Pero ¿qué clase de hijo eres?", fue la agria respuesta en la que se advertía un deje de reproche.	
7.3.2.12	El modernismo en el arte tiene cien años de antigüedad. Es éste un centenario sobre el que vale la pena reflexionar.	
7.3.2.13	¿Ha llegado al punto en el que puede decir »no« a ese tipo de proyecto?	
7.3.2.14	Creo que los mejores proyectos son los que tienen un cierto nivel de genialidad.	
7.3.2.15	Dondequiera que fueres, haz lo que vieres.	
7.3.2.16	El *tablao* es una sala de fiestas nocturna en la que se exhibe un espectáculo flamenco.	
7.3.2.17	Canto porque me acuerdo de lo que he vivido. (Manolito de María)	
7.3.2.18	Hay politiqueo y crítica a lo que está pasando en España.	
7.3.2.19	Me alegro de lo que me estás diciendo.	
7.3.2.20	Hay artistas a los que no se puede negar su importancia en el flamenco.	
7.3.2.21	La protagonista vive en una sociedad en la que el trabajo ya no es visto moralmente como lo veían nuestros abuelos.	
7.3.2.22	Por desgracia lo que desean los ciudadanos no suele coincidir con lo que desean quienes los gobiernan.	
7.3.2.23	Me recuerdo que tu madre tenía un hermano muy listo y que por lo que me contaron se hizo famoso en Arabia.	
7.3.2.24	El pobre beduino lanzó un hondo suspiro con el que pretendía mostrar la magnitud de su desolación.	
7.3.2.25	¡Éste es un local decente en el que no se admite a una escoria semejante!	

7.4 Komplexe Übungssätze zu den Relativsätzen

Gehen Sie bei der Übersetzung der nachfolgenden komplexen Übungssätze bitte wie folgt vor: (1) Führen Sie als erstes eine übersetzungsrelevante Satzanalyse durch. (2) Bestimmen Sie die Art des Relativsatzes und tragen Sie sie in die Spalte *Art* ein. (3) Schlagen Sie im entsprechenden Unterkapitel nach, welche Lösungsmöglichkeiten für die jeweilige Art des Relativsatzes angegeben sind. (4) Versuchen Sie für jeden der nachfolgenden Übungssätze, mehrere, syntaktisch verschiedene Übersetzungen zu erstellen. (5) Nehmen Sie eine stilistische Bewertung der verschiedenen von Ihnen angefertigten Übersetzungen vor.

Nr.	Übungssatz	Art
7.3.3.1	El autor utilizó el mito de Tiresias, el adivino ciego, para hilar esta novela autobiográfica en la que se encuentra con hombres que le abren cuatro caminos.	
7.3.3.2	Gran estratega y dictador de Roma, Julio César compuso dos obras históricas en las que dio cuenta de sus campañas militares en la Galia y contra Pompeu.	
7.3.3.3	Además de *El arte de placer*, obra a la que Goliarda Sapienza le dedicó diez años, escribió otros relatos en los que explicaba sus experiencias en un centro psiquiátrico.	
7.3.3.4	El autor ha embarcado en un nuevo intento de desmontar lo que él considera „mitos“ de la historia moderna de España.	
7.3.3.5	Todas mis novelas nacen de la actualidad, de los problemas de la sociedad, que son los que a mí me preocupan como ciudadana.	
7.3.3.6	Las dioses Venus, de frente o de espaldas, recostadas o de pie, han venido recordando siempre cuáles son delicias prometidas, más allá de lo que percibe enseguida el mirón.	
7.3.3.7	Yo soy el que está delante del cuadro y el que presumiblemente ha traído el ramo de flores que le lleva la criada negra.	
7.3.3.8	Pues ya vemos que Picasso ha identificado el ojo del espectador con la mirada de quien discierne y elige en el mercado del placer.	
7.3.3.9	Pero si novedosos eran los referentes figurativos, no lo era menos la maraña geométrica en la que se había descompuesto todo aquello.	
7.3.3.10	Pero Picasso rompió la vitrina: en *Las Señoritas de Aviñón* no hay separación profiláctica entre el espacio que ocupan „ellas“ y el que habitamos los espectadores.	
7.3.3.11	¿No estaba aquejado el Picasso de 1907 de ese "malestar de la cultura" sobre el que teorizaría tanto el psicoanalista vienés?	

7.3.3.12	El calentamiento global no es un problema político, es el mayor reto moral al que se enfrenta nuestra civilización. (Al Gore)	
7.3.3.13	Sin embargo, cuando veo las reacciones de los demás a lo que digo o escribo, noto que hay algo que no funciona, cosa de la que no me daría cuenta si trabajara en un bar.	
7.3.3.14	Realmente, cuando contemplamos algún objeto artístico que nos seduce, no sólo miramos con los ojos: lo vemos con lo que sabemos.	
7.3.3.15	Un día, allá por 1995, cuando Alejandro Zaera apenas tenía 32 años, ganó un concurso internacional al que se presentaron 600 arquitectos.	
7.3.3.16	Y que precisamente lo que para los intransigentes y atemorizados representa crisis, es decir, la evolución y los caminos nuevos, es lo que vitaliza al cante.	
7.3.3.17	Se engañan quienes pretenden descubrir una actitud combativa, social, en el flamenco que sólo ha expresado toda una concienciación en contadísimos casos.	
7.3.3.18	Borges junto a su polémica musa, María Kodama, a la que siempre trató de usted, incluso después de casarse con ella.	
7.3.3.19	Lo que sucede es que mi novela, a pesar de que tuvo excelentes críticas, pasó, de hecho, completamente inadvertida.	
7.3.3.20	La dualidad "ser/estar" del español nos permite saber en cada caso lo que las cosas son y dónde-cómo-cuándo están; lo qué es el hombre y dónde, cómo y cuándo está.	

7.4.1 Sehr komplexe Übungssätze zu den Relativsätzen

Gehen Sie bei der Übersetzung der nachfolgenden sehr komplexen Übungssätze bitte wie folgt vor: (1) Führen Sie als erstes eine übersetzungsrelevante Satzanalyse durch. (2) Bestimmen Sie die Art des Relativsatzes und tragen Sie sie in die Spalte *Art* ein. (3) Schlagen Sie im entsprechenden Unterkapitel nach, welche Lösungsmöglichkeiten für die jeweilige Art des Relativsatzes angegeben sind. (4) Versuchen Sie für jeden der nachfolgenden Übungssätze, mehrere, syntaktisch verschiedene Übersetzungen zu erstellen. (5) Nehmen Sie eine stilistische Bewertung der verschiedenen von Ihnen angefertigten Übersetzungen vor.

Nr.	Übungssatz	Art
7.3.4.1	Es muy triste que la gente eche en cara a los marroquíes que puedan optar a pisos, cuando seguramente sean quienes más los necesitan porque van a vivir siete u ocho en cada casa.	
7.3.4.2	Tan sólo quien hubiera recorrido en alguna ocasión el desierto, sin agua, a más de cuarenta grados de temperatura y con el viento en contra durante más de diez horas, podría hacerse una idea de qué largos llegan a ser tales días.	
7.3.4.3	Sí, conozco la existencia del Registro de Testamentos Vitales, aunque desconozco cuál es el procedimiento para registrar el documento en el que se describen las últimas voluntades de una persona.	
7.3.4.4	Este es un repaso a esas bibliotecas, las que forman ya parte de la leyenda, las que reúnen hoy los mayores y mejores fondos del mundo, las del futuro, las que alguien alguna vez imaginó ...	
7.3.4.5	Una de las obras más importantes de Kiefer es *Zweistromland* (1985-1989), en la que el mundo del libro y la lectura aluden a una civilización (Mesopotamia), cuyos monumentos han desaparecido.	
7.3.4.6	Pero lo que pasaba en su vida de puertas adentro lo descubrimos gracias a los recuerdos de su vecina y amiga Betty Sucre, a través de la cual Ava Gardner conoció a Robert Graves.	
7.3.4.7	Stephen King no es un autor al que la gente lea para conseguir un gran prestigio, ni porque quiera enriquecer su vida interior, crecer intelectualmente o empaparse de una serie de valores. Los que lo leen lo hacen por una necesidad irrefrenable.	
7.3.4.8	En una época como la nuestra, de excesos literarios, en la que tanto se publica, en la que los *best sellers* triunfan cuanto más extensos son y en la que todo autor quiere hacer un gran (cuantitativamente) obra, la editorial Lumen propone una *gran* recuperación (casi ochocientas páginas que recorren el siglo XX), una obra en la que ha depositado una enorme confianza, segura de que se convertirá en un clásico.	
7.3.4.9	Cuando saltas a un proyecto en el que en cada momento hay 500 personas trabajando al mismo tiempo, en el	

	que participan tres empresas, donde se mantienen reuniones en las que se habla de cientos de millones de euros, te das cuenta que los arquitectos trabajamos en un magma que tenemos que dirigir, pero la relación directa desaparece.	
7.3.4.10	Ali Bahar, que le había dado lo poco que quedaba del hueso al perro al que ahora acariciaba y con el que parecía haber entablado una buena amistad, meditó sobre lo que acababa de oír mientras prestaba atención porque le había llegado el desacompasado rumor del motor de un vehículo.	

8 Spalt- und Sperrsätze

Spalt- und Sperrsätze werden auch zusammenfassend - aber nicht ganz korrekt - als Cleftstrukturen bezeichnet. Erstaunlich ist, dass sie weder von der vergleichenden Grammatik von Cartagena und Gauger noch von den anderen einschlägigen - in Kapitel 1.5 aufgeführten - Grammatiken der spanischen Sprache behandelt werden. Eine Ausnahme bildet hier die Grammatik von Reumuth und Winkelmann (1997). Nichtsdestotrotz kommen Cleftstrukturen im Spanischen relativ häufig vor und sie stellen auch fast immer eine übersetzerische Herausforderung dar.

Spaltsätze (*construcciones clivadas* oder *construcciones hendidas*) werden auch als Klammersätze oder Cleftsätze bezeichnet. Spaltsätze entstehen „wenn das Subjekt eines Satzes mit Hilfe eines Kopulasatzes nach links herausgestellt wird. Der Matrixsatz wird als Relativsatz angeschlossen" (Homberger 2003, 486).

Sperrsätze (*construcciones seudo-clivadas* oder *construcciones seudo-hendidas*) werden auch als Pseudo-Cleftsätze bezeichnet. Sperrsätze entstehen, „wenn das Subjekt nach rechts herausgestellt wird" (Homberger 2003, 486).

8.1 Spaltsatz: *Es war Willi*, der das Blumenbeet zertrampelt hat.
8.2 Sperrsatz: *Der das Blumenbeet zertrampelt hat*, das war Willi.

8.3 Spaltsatz: *Es ist ein Haus*, das er baut.
8.4 Sperrsatz: *Was er baut*, ist ein Haus.

8.5 Spaltsatz: *Es el rey quien* tiene el dinero.
8.6 Sperrsatz: *Quien tiene el dinero* es el rey.

8.7 Spaltsatz: *Fue Pedro el que* salió.
8.8 Sperrsatz: *El que salió* fue Pedro

In einigen Grammatiken wird als Oberbegriff die Bezeichnung Präsentativkonstruktion bevorzugt. Für das Spanische konstatiert Smits (1989, 316), dass Spalt- und Sperrsätze kaum voneinander unterscheidbar seien. Das Gemeinsame von Spalt- und Sperrsätzen besteht in der Herausstellung des Subjekts (nach links oder rechts) und der sich daraus ergebenden Fokussierung entsprechend der geänderten Anordnung der Satzglieder. Für den Übersetzer kommt es also weniger darauf an, Spalt- von Sperrsätzen unterscheiden zu können, als vielmehr die Funktion der Cleftstrukturen im Unterschied zu anderen syntaktischen Konstruktionen zu erkennen und entsprechend wiederzugeben.

Spalt- und Sperrsätze dienen dazu, die Person oder den Gegenstand herauszustellen oder zu betonen. Man spricht dann davon, dass die Person oder der Gegenstand in den Fokus gerückt wird. Während die Spaltsätze (Cleftsätze) den Fokus enthalten (also die Worte *Willi* bzw. *Haus*), befindet sich der Fokus bei den

Sperrsätzen (Pseudocleftsätzen), nicht im Sperrsatz selbst, sondern im daran anschließenden Gliedsatz (ebenfalls die Worte *Willi* bzw. *Haus*).

Im Sinne einer Eselsbrücke kann man sagen, dass das Substantiv (Person oder Gegenstand), um das es geht, im Spaltssatz links steht, also am Satzanfang; und beim Sperrsatz steht es rechts, also am Satzende.

Durch eine solche Fokussierung sollen in der Regel Missverständnisse beseitigt oder verhindert werden: „Es war der Willi (und nicht ich)"; „Es ist ein Haus (und keine Garage)". Die Person oder der Gegenstand sollen sich durch den Spalt- oder Sperrsatz von anderen - nicht unbedingt genannten - Möglichkeiten *abheben*. Man spricht dann vom kontrastiven Fokus.

Der gleiche Zweck wird erzielt, wenn man das entsprechende Wort *stimmlich* betont. Dies geschieht meist dadurch, dass das zu betonende Wort lauter oder mit Nachdruck gesprochen wird. In der Sprachwissenschaft bezeichnet man das als *Druckakzent*. In der geschriebenen Sprache könnte man den Druckakzent durch Fett- oder Kursivdruck wiedergeben: „Der **Willi** (*Willi*) hat das Blumenbeet zertrampelt."

Die typische Form von Spaltsätzen im Spanischen kann man wie folgt darstellen: *Kopula (ser)* + *fokussiertes Element* + *que* + *Restsatz*. Wir kennen diese Grundform des Spaltsatzes vor allem auch aus dem Englischen oder Französischen. Dies ist aber nicht die einzige Möglichkeit, die die spanische Grammatik kennt, um mittels einer Cleftstruktur eine Fokussierung vorzunehmen. Die häufigsten Konstruktionsarten des Spanischen werden nachfolgend besprochen.

8.1 Spaltsätze (Cleftsätze)

Diese typische Form von Spaltsätzen liegt in fünf Varianten vor, je nachdem, worin das fokussierte Element besteht. Bei dem fokussierten Element kann es sich um (a) ein einzelnes Substantiv, (b) eine Nominalphrase, (c) eine Präpositionalphrase, (d) ein Adjektiv oder (e) ein Adverb handeln. Verben können auf keinen Fall mittels eines Spaltsatzes fokussiert werden.

8.1.1 ser + Substantiv + que

Soll ein Substantiv - in der Regel ein Eigenname - hervorgehoben oder von anderen abgehoben werden, dann verwendet man im Spanischen in der Regel die Konstruktion *ser* + *Substantiv* + *que*. Eine Variante stellt die Konstruktion mit *quien* statt *que* dar, wobei dann nur Personen fokussiert werden können. Eine andere Variante ist die Konstruktion mit *el que* bzw. *la que* statt *que*. Diese beiden Varianten sind möglich, wenn es sich beim Bezugswort um eine Sache oder eine Person handelt.

8.1.1.1 **Fue Pedro que** entró en la sala.
8.1.1.1a **Es war Pedro, der** in den Saal trat.
8.1.1.1b **Es war Pedro, der** den Saal betrat.
8.1.1.1c ***Pedro*** trat in den Saal.

8.1.1.1d *Pedro* betrat den Saal.

8.1.1.2 **Fue Pedro quien** entró en la sala.
8.1.1.2a **Es war Pedro, der** in den Saal trat.
8.1.1.2b **Es war Pedro, der** den Saal betrat.
8.1.1.2c ***Pedro*** trat in den Saal.
8.1.1.2d ***Pedro*** betrat den Saal.

Werden der Spaltsatz und der sich anschließende Relativsatz wie in 8.1.1.1c, 8.1.1.1d, 8.1.1.2c oder 8.1.1.2d mit einem einzigen Hauptsatz wiedergegeben, dann tritt eine Hervorhebung des Wortes *Pedro* durch den Druckakzent an deren Stelle. Dies gilt ebenso für die entsprechenden Übersetzungen der weiteren Beispielsätze, auch in den nachfolgenden Abschnitten.

Der Druckakzent wird in den Beispielsätzen durch Kursiv- und Fettdruck dargestellt, da der gerade Fettdruck bereits zur Hervorhebung der zu besprechenden syntaktischen Konstruktionen reserviert ist.

8.1.2 ser + Nominalphrase + que

Soll eine Nominalphrase, die in der Regel aus einem Artikel und einem Substantiv besteht, hervorgehoben oder von anderen abgehoben werden, dann verwendet man im Spanischen in der Regel die Konstruktion *ser + Nominalphrase + que*. Die Nominalphrase kann noch durch ein Adjektiv erweitert sein. Auch hier gibt es die Varianten mit *quien* oder *el que* bzw. *la que* statt *que*, sofern es sich beim Substantiv um eine Person handelt.

8.1.2.1 **Fue el rey que** entró en la sala.
8.1.2.1a **Es war der König, der** in den Saal trat.
8.1.2.1b **Es war der König, der** den Saal betrat.
8.1.2.1c ***Der König*** trat in den Saal.
8.1.2.1d ***Der König*** betrat den Saal.

8.1.2.2 **Fue el rey quien** entró en la sala.
8.1.2.2a **Es war der König, der** in den Saal trat.
8.1.2.2b **Es war der König, der** den Saal betrat.
8.1.2.2c ***Der König*** trat in den Saal.
8.1.2.2d ***Der König*** betrat den Saal.

8.1.2.3 **Es la virgen inmaculada que** adoramos.
8.1.2.3a **Es ist die unbefleckte Jungfrau, die** wir anbeten.
8.1.2.3b ***Die unbefleckte Jungfrau*** beten wir an.

8.1.2.4 No es una casa, **es una mansión que** han comprado.
8.1.2.4a Es ist kein Haus, **es ist eine Villa, die** sie gekauft haben.
8.1.2.4b Es ist kein Haus, **sondern eine Villa, die** sie gekauft haben.
8.1.2.4c Sie haben kein Haus, **sondern** ***eine Villa*** gekauft.

8.1.3 ser + Präpositionalphrase + que

Soll ein bestimmter Umstand hervorgehoben oder von einem anderen abgehoben werden, dann verwendet man im Spanischen in der Regel die Konstruktion *ser + Präpositionalphrase + que*. Hier gibt es nicht die Variante mit *quien*.

8.1.3.1 **Fue con desdén que** la miró.
8.1.3.1a **Es war mit Abscheu, dass** er sie ansah.
8.1.3.1b ***Mit Abscheu*** sah er sie an.

Beispielsatz 8.1.3.1a zeigt sehr deutlich, dass die Wiedergabe spanischer Spaltsätze, die eine Präpositionalphrase enthalten, durch einen deutschen Spaltsatz recht problematisch sein kann. Das Ergebnis ist meist unidiomatisch und schwerfällig, so dass für die Übersetzung in der Regel der Verzicht auf den Spaltsatz anzuraten ist.

8.1.4 ser + Adjektiv + que

Die Fokussierung einer bestimmten Eigenschaft erfolgt durch die Konstruktion *ser + Adjektiv + que*.

8.1.4.1 **Es contentos que** están.
8.1.4.1a Sie sind **zufrieden**.
8.1.4.1b ***Zufrieden*** sind sie.
8.1.4.1c **Zufrieden**, das sind sie.

8.1.5 ser + Adverb + que

Die Fokussierung eines bestimmten Umstands kann auch durch ein einfaches Adverb erfolgen. Dann verwendet man im Spanischen die Konstruktion *ser + Adverb + que*.

8.1.5.1 **Fue aquí que** Colón fundó la primera colonia.
8.1.5.1a **Es war hier, wo** Kolumbus die erste Kolonie gründete.
8.1.5.1b ***Hier*** gründete Kolumbus die erste Kolonie.

8.1.5.2 **Fue entonces que** la vi por última vez.
8.1.5.2a **Es war damals, dass** ich sie zum letzten Mal sah.
8.1.5.2b **Es war damals, als** ich sie zum letzten Mal sah.
8.1.5.2c ***Damals*** sah ich sie zum letzten Mal.

8.2 Sperrsätze (Pseudo-Cleftsätze)

Die Sperrsätze weisen im Spanischen in der Regel die Konstruktion *Pronomen + que + Relativsatz + ser* auf und kommen in verschiedenen Varianten vor. Bei den Pronomen kann es sich um ein Personalpronomen, ein Demonstrativpronomen oder ein Fragepronomen handeln. Wenn das Verb im Relativsatz es erfordert, muss eine Präposition dem Subjektpronomen vorangestellt werden.

8.2.1 el que + Relativsatz + ser

Die Konstruktion *el que + Relativsatz + ser* ist von der Struktur her ein Sperrsatz (Pseudo-Cleftsatz) und wird verwendet, um eine oder mehrere Personen zu fokussieren. Die Wortgruppe *el que* steht hier stellvertretend für sämtliche Kombinationen von Personalpronomen mit *que*: *el que, la que, lo que, los que, las que.*

8.2.1.1 **Los que** conocemos son los hermanos de María.
8.2.1.1a **Die, die** wir kennen, sind Marías Brüder.
8.2.1.1b **Wen** wir kennen, sind Marías Brüder.
8.2.1.1c ***Marías Brüder*** kennen wir.
8.2.1.1d Wir kennen ***Marías Brüder***.

8.2.2 Präposition + el que + Relativsatz + ser

Die Konstruktion *Präposition* + el *que* + *Relativsatz* + *ser* ist von der Struktur her ein Sperrsatz (Pseudo-Cleftsatz) und wird verwendet, um eine oder mehrere Personen zu fokussieren.

8.2.2.1 **En los que** María piensa es en sus hermanos.
8.2.2.1a **Die, an die** María denkt, sind ihre Brüder.
8.2.2.1b **Woran** María denkt, sind ihre Brüder.
8.2.2.1c ***An ihre Brüder*** denkt María.
8.2.2.1d María denkt ***an ihre Brüder***.

8.2.3 Lo que + Relativsatz + ser

Eine weitere Variante ist die Konstruktion *lo que* + *Relativsatz* + *ser*, die dazu dient, einen Sachverhalt zu fokussieren.

8.2.3.1 **Lo que** me interesa es la gramática contrastiva.
8.2.3.1a **Das, was** mich interessiert, ist die kontrastive Grammatik.
8.2.3.1b **Was** mich interessiert, ist die kontrastive Grammatik.
8.2.3.1b ***Mich*** interessiert die kontrastive Grammatik.

8.2.3.2 **Lo que** cuesta mucho dinero es la casa.
8.2.3.2a **Das, was** viel Geld kostet, ist das Haus.
8.2.3.2b **Was** viel Geld kostet, ist das Haus.
8.2.3.2c ***Das Haus*** kostet viel Geld.

8.2.3.3 **Lo que** ella piensa es buscar un empleo.
8.2.3.3a **Das, woran** sie denkt, ist, eine Arbeit zu suchen.
8.2.3.3b **Woran** sie denkt, ist, eine Arbeit zu suchen.
8.2.3.3c ***Sie*** denkt daran, eine Arbeit zu suchen.

8.2.4 Fragepronomen + Verb + ser

Die Konstruktion *Fragepronomen + Verb + ser* ist von der Struktur her ein Sperrsatz (Pseudo-Cleftsatz) und wird verwendet, um die näheren Umstände (Zeit, Ort, Richtung, Art und Weise) zu fokussieren. Mit dieser Pseudo-Cleftkonstruktion können im Spanischen auch Verben in den Fokus gesetzt werden. Die Möglichkeiten des Deutschen, Verben durch Pseudo-Cleftkonstruktion in den Fokus zu setzen, sind sehr begrenzt und wirken meist unelegent. Sie können in der Schriftsprache kaum eingesetzt werden.

In der Regel muss bei der Übersetzung auf die Fokussierung des Verbs verzichtet werden. Stattdessen wird häufig der Fokus auf den Teil der Aussage gelegt, der sich im Spanischen im Hauptsatz befindet.

8.2.4.1 **Cuando llegan** es el lunes.
*8.2.4.1a **Wenn sie ankommen**, ist es Montag.
8.2.4.1b **Sie kommen** am Montag an.
8.2.4.1c **Kommen** tun sie am Montag.

8.2.4.2 **Donde viven** es en mi piso.
*8.2.4.2a **Wo sie wohnen**, ist in meiner Wohnung.
8.2.4.2b Sie wohnen **in meiner Wohnung**.
8.2.4.2c **In meiner Wohnung**, da wohnen sie.

8.2.4.3 **Como están** es contentos.
*8.2.4.3a **Wie sie sind**, ist zufrieden.
8.2.4.3b Sie sind **zufrieden**.
8.2.4.3c **Zufrieden**, das sind sie.

Die jeweils mit „a“ markierten ersten Übersetzungsvorschläge 8.2.4.1a, 8.2.4.2a, und 8.2.4.3a wirken seltsam undeutsch. Sprechen wir so? Vielleicht. Aber schreiben würden wir diese Sätze wohl eher nicht. Deshalb habe ich sie mit einem Sternchen versehen. Auf diese Weise kann man sich die Struktur des spanischen Ausgangssatzes klarmachen, was beim Fremdsprachenerwerb legitim ist. Für eine professionelle Übersetzung sind diese Varianten nicht zu empfehlen.

8.3 Sonstige Cleftstrukturen

8.3.1 Demonstrativpronomen + ser + lo que

Soll ein zuvor genannter Sachverhalt hervorgehoben oder von anderen Sachverhalten abgehoben werden, dann verwendet man im Spanischen in der Regel die Konstruktion *Demonstrativpronomen + ser + lo que*. Diese Konstruktion ist von der Struktur her ein Spaltsatz und wird vor allem dann benutzt, wenn der Sprecher etwas bekräftigen will.

8.3.1.1 **Esto es lo que** me decía mi padre.

8.3.1.1a **Das ist es, was** mein Vater mir sagte.
8.3.1.1b ***Das*** sagte mir mein Vater.

Eine Übersetzungslösung wie im folgenden Beispielsatz 8.3.1.1c, die den *Vater* an den Satzanfang stellt, kommt übrigens nicht in Frage. Zum einen läge der Druckakzent dann auf dem Wort *Vater*, so dass man vermuten müsste, die *Person* sei fraglich, die es gesagt hat, und nicht das Gesagte selbst. Im Spanischen bezieht sich *esto* aber eindeutig auf das Gesagte. Zum anderen müsste man dann davon ausgehen, dass es im Spanischen hieß: *Fue mi padre que me lo decía* (siehe Kapitel 8.1).

*8.3.1.1c ***Mein Vater*** sagte mir das.

Satz 8.3.1.1c ist zwar grammatisch korrekt, aber als Übersetzung von 8.3.1.1 nicht geeignet; deshalb ist er mit einem Sternchen versehen. Bei Spalt- und Sperrsätzen verbietet sich also ein Umstellen von Subjekt und Objekt.

8.3.2 Demonstrativpronomen + sí que + ser

Bei der Konstruktion *Demonstrativpronomen + sí que + ser* handelt sich nicht um einen Spalt- oder Sperrsatz im engeren Sinne, wohl aber um ein syntaktisches Mittel zur Fokussierung, weshalb sie hier behandelt wird. Sie bezieht sich im Spanischen auf einen Sachverhalt, der fokussiert werden soll, und wird in der Regel verwendet, um zusätzlich ein Zugeständnis des Sprechers anzudeuten.

Auf die Beispielsätze 8.3.2.1 und 8.3.2.2 bezogen könnte man sich vorstellen, dass der Sprecher ausdrücken wollte: „Was du mir bisher gesagt hast, ist völlig uninteressant, aber was du zuletzt gesagt hast, dieser letzte Punkt, diese letzte Information, das ist für mich interessant." Mit *esa sí que* wird also in diesem Fall das Interessante vom Uninteressanten abgehoben.

8.3.2.1 **Eso sí que** es interesante.
8.3.2.1a **Das** ist **schon** interessant.
8.3.2.1b **Das** ist **schon eher** interessant.
8.3.2.1c Das ***ist*** interessant.

8.3.2.2 **Esa** información **sí que** es interesante.
8.3.2.2a **Diese** Information ist **schon** interessant.
8.3.2.2b **Diese** Information ist **schon eher** interessant.
8.3.2.2c Diese Information ***ist*** interessant.

Bei den Übersetzungsvorschlägen zu den Beispielsätzen 8.3.2.1 und 8.3.2.2 ist zu beachten, dass die Vorschläge 8.3.2.1b und 8.3.2.2b jeweils eine Abschwächung gegenüber den Varianten 8.3.2.1a und 8.3.2.2a darstellen.

Bei den Varianten 8.3.2.1c und 8.3.2.2c verschiebt sich der Druckakzent auf das Verb *sein*. Man könnte sich vorstellen, dass ein Polizeispitzel dem Kommissar Informationen anbietet und der Kommissar wiederholt sagt: „*Das* ist nicht interessant, und *das* ist auch nicht interessant und *das* auch nicht." Bis der Spitzel fragt:

„Und wie steht es damit?“ Und der Kommissar - die Betonung wechselnd - antwortet: „Das *ist* interessant.“

8.3.3 Konstruktionen mit nominalisierten Adjektiven und Adverbien

Eine typisch spanische Art der Fokussierung sind die Konstruktionen mit nominalisierten Adjektiven und Adverbien. Ein nominalisiertes Adjektiv (Adverb) ist ein Adjektiv (Adverb), dem ein Artikel vorangestellt wird und das so zu einem Nomen (Substantiv) gemacht wird. Im Deutschen erfolgt die Nominalisierung von Adjektiven und Adverbien mit dem sächlichen Artikel *das*, im Spanischen erfolgt sie mit dem sächlichen Artikel *lo*.

8.3.3.1 Me surprende **lo mucho que** tus estudiantes han aprendido.
8.3.3.1a Mich überracht, **wie viel** deine Studenten gelernt haben.

8.3.3.2 No te imaginas **lo divertida que** es la película.
8.3.3.2a Du kannst dir nicht vorstellen, **wie unterhaltsam** der Film ist.

8.3.3.3 No estás **lo cansado que** estoy yo.
8.3.3.3a Du bist nicht **so müde, wie** ich es bin.
8.3.3.3b Du bist nicht **so müde wie** ich.

8.4 Überblick über die Spaltsätze (Cleftsätze)

Im Rahmen der vorausgehenden Darstellung konnten nicht sämtliche Varianten bei den Konstruktionen berücksichtigt und mit Beispielsätzen veranschaulicht werden. In der nachfolgenden Auflistung sind die wichtigsten Varianten aufgeführt.

Was soll im Fokus stehen?	**Welcher Anschluss wird verwendet?**
Subjekt (Person)	quien el que que
Subjekt (Gegenstand oder Sachverhalt)	lo que que
Direktes Objekt (Person)	a + quien a + el que (la que, los que, las que) que
Direktes Objekt (Gegenstand oder Sachverhalt)	lo que que
Indirektes Objekt (Person)	a + quien a + el que (la que, los que, las que) que

Indirektes Objekt (Gegenstand oder Sachverhalt)	a lo que
Attributive Bestimmung (Person)	Präposition + quien Präposition + el que (la que, los que, las que) Präposition + que
Attributive Bestimmung (Gegenstand oder Sachverhalt)	Präposition + lo que Präposition + que
Ort	Präposition + lo que (Präposition +) donde que
Zeit	cuando que
Verbalphrase	lo que
Adjektiv	como lo que que
Adverb	como que

8.5 Überblick über die Sperrsätze (Pseudo-Cleftsätze)

Im Rahmen der vorausgehenden Darstellung konnten nicht sämtliche Varianten bei den Konstruktionen berücksichtigt und mit Beispielsätzen veranschaulicht werden. In der nachfolgenden Auflistung sind die wichtigsten Varianten aufgeführt.

Was soll im Fokus stehen?	**Welcher Anschluss wird verwendet?**
Subjekt (Person)	quien el que
Subjekt (Gegenstand oder Sachverhalt)	lo que
Direktes Objekt (Person)	a + quien a + el que (la que, los que, las que)
Direktes Objekt (Gegenstand oder Sachverhalt)	lo que
Indirektes Objekt (Person)	a + quien a + el que (la que, los que, las que)
Indirektes Objekt (Gegenstand oder Sachverhalt)	a lo que

Attributive Bestimmung (Person)	Präposition + quien Präposition + el que (la que, los que, las que)
Attributive Bestimmung (Gegenstand oder Sachverhalt)	Präposition + lo que
Ort	Präposition + lo que donde
Zeit	cuando
Verbalphrase	lo que
Adjektiv	como lo que
Adverb	como

8.6 Übungssätze zu den Spalt- und Sperrsätzen

8.6.1 Übersetzungsrelevante Satzanalyse

Bevor Sie sich an die Übersetzung der nachfolgenden Übungssätze zu den Spalt- und Sperrsätzen machen, sollten Sie eine übersetzungsrelevante Satzanalyse durchführen, um sich deren syntaktische Struktur zu vergegenwärtigen und die Funktion der einzelnen Teilsätze und Satzglieder zu analysieren.

Für Satz 8.6.2.3 sieht das Ergebnis der formalen und der funktionalen Satzanalyse wie folgt aus:

Bei diesem Satz handelt es sich um einen Spaltsatz, der aus dem Hauptsatz *es la arquitectura* und dem Relativsatz *lo que le apasiona* besteht. Das Subjekt des Hauptsatzes ist *arquitectura*, das in Form des Relativpronomens sozusagen auch Subjekt des Relativsatzes ist. Das Prädikat des Hauptsatzes ist *es*, das Prädikat des Relativsatzes ist *apasiona*. Die Funktion des Hauptsatzes besteht darin, das Subjekt *arquitectura* in den Fokus zu stellen, um ihm dadurch eine besondere Aufmerksamkeit zuteil werden zu lassen. Der Relativsatz gibt an, was es mit der Architektur auf sich hat.

Aus der Analyse ergeben sich die folgenden Übersetzungslösungen:

8.6.2.3 Es la arquitectura lo que le apasiona.
8.6.2.3a Es ist die Architektur, die ihn begeistert.
8.6.2.3b Die *Architektur* begeistert ihn.
8.6.2.3c Ihn begeistert die *Architektur*.

Der Kursivdruck von *Architektur* soll – wie auf Seite 131 beschrieben – andeuten, dass das Wort mit einem gewissen Nachdruck zu sprechen ist (Druckakzent).

Für den etwas komplexeren Satz 8.6.3.10 sieht das Ergebnis der formalen und der funktionalen Satzanalyse wie folgt aus:

Der Satz beginnt mit einem „normalen" Gliedsatz ohne Cleftkonstruktion, dessen Subjekt *cada cantador*, dessen Prädikat *tiene* und dessen direktes Objekt *su personalidad* ist. Dieser Satz bildet sozusagen den Hintergrund, den man kennen muss und auf den sich der zweite Gliedsatz mit der Cleftkonstruktion bezieht. Das sächliche Demonstrativpronomen *eso* greift den im ersten Gliedsatz genannten Sachverhalt auf, der durch die Cleftkonstruktion *eso es lo que* in den Fokus gestellt wird. Wenn wir uns an das syntaktische Gerüst des Spanischen halten, liegen die folgenden Übersetzungsvorschläge auf der Hand:

8.6.3.10 Cada cantador tiene su personalidad y eso es lo que yo busco.
8.6.3.10a Jeder Sänger hat seine Persönlichkeit und das ist es, was ich suche.
8.6.3.10b Jeder Sänger hat seine eigene Persönlichkeit und das ist es, was ich suche.

Wenn wir jedoch überlegen, warum der spanische Autor sich für eine Cleftkonstruktion entschieden hat, dann kommen wir zu dem Ergebnis, dass er ausdrücken wollte, dass er *genau das* sucht und nichts anderes, einen Sänger mit Persönlichkeit eben. Dies können wir uns für die Übersetzung zunutze machen:

8.6.3.10c Jeder Sänger hat seine eigene Persönlichkeit, und *genau das* suche ich.

Es gibt keine Regel, die besagt, dass die spanischen Spalt- und Sperrsätze in jedem Fall auch im Deutschen mit Spalt- und Sperrsätzen wiederzugeben sind. In vielen fachsprachlichen Textsorten, aber auch in vielen gemeinsprachlichen Textsorten finden sich Cleftstrukturen im Deutschen nur äußerst selten. Daher ist es für jeden professionellen Übersetzer ratsam, dass er für die Übersetzung von Spalt- und Sperrsätzen neben der Standardvariante als Cleftkonstruktion auch alternative Varianten beherrscht.

Versuchen Sie für die folgenden Übungssätze jeweils zwei Übersetzungsvarianten zu finden. Formulieren Sie die erste Variante bewusst als Cleftkonstruktion und finden Sie für die zweite Variante einen Satzbau, der ebenso bewusst auf die Verwendung einer Cleftkonstruktion verzichtet.

8.6.2 Einfache Übungssätze zu den Spalt- und Sperrsätzen

Gehen Sie bei der Übersetzung der nachfolgenden einfachen Übungssätze bitte wie folgt vor: (1) Führen Sie als erstes eine übersetzungsrelevante Satzanalyse durch. (2) Bestimmen Sie die Art des Spalt- bzw. Sperrsatzes und tragen Sie sie in die Spalte *Art* ein. (3) Schlagen Sie im entsprechenden Unterkapitel nach, welche Lösungsmöglichkeiten für die jeweilige Art des Spalt- bzw. Sperrsatzes angegeben sind. (4) Versuchen Sie für jeden der nachfolgenden Übungssätze, mehrere, syntaktisch verschiedene Übersetzungen zu erstellen. Sie sollten zuindest eine Übersetzungslösung mit Cleftstruktur und eine ohne Cleftstruktur anfertigen. (5) Nehmen Sie eine stilistische Bewertung der verschiedenen von Ihnen angefertigten Übersetzungen vor.

Nr.	Übungssatz	Art
8.6.2.1	Eso es lo que hay que hacer.	
8.6.2.2	Esto es lo que Bergamín llamaría el arte birlibirloque.	
8.6.2.3	Es la arquitectura lo que le apasiona.	
8.6.2.4	Me gusta ver qué es lo que pasa con los proyectos.	
8.6.2.5	Eso es lo que llamo el material.	
8.6.2.6	Nosotros lo único que queremos es aclarar las cosas.	
8.6.2.7	A quien le debo dinero es a mi padre.	
8.6.2.8	Lo que quiero es subirme a un escenario y ser feliz.	
8.6.2.9	Fue a Pilar a quien le hablé.	
8.6.2.10	Fue mucho lo que nos enseñó.	
8.6.2.11	Lo que compré fue una casa.	
8.6.2.12	A quien busco es a Ramón.	
8.6.2.13	Fue un coche lo que robaron.	
8.6.2.14	Donde nos conocimos fue en Valencia.	
8.6.2.15	Fue Pablo quien dijo eso.	
8.6.2.16	La que trabaja soy yo.	
8.6.2.17	Lo que quiere es trabajar.	
8.6.2.18	Lo que nos gusta es salir a comprar.	
8.6.2.19	Lo que me falta es ejercicio.	
8.6.2.20	Quien nos enseñó a bailar a nosotros fue mi papá.	
8.6.2.21	Lo que pasó fue un camión.	
8.6.2.22	Es el cambio climático lo que nos preocupa.	
8.6.2.23	Fue Pedro que nos explicó la situación.	
8.6.2.24	Fue verde como lo pintó.	
8.6.2.25	Entonces fue cuando nació.	

8.6.3 Komplexere Übungssätze zu den Spalt- und Sperrsätzen

Gehen Sie bei der Übersetzung der nachfolgenden komplexeren Übungssätze bitte wie folgt vor: (1) Führen Sie als erstes eine übersetzungsrelevante Satzanalyse durch. (2) Bestimmen Sie die Art des Spalt- bzw. Sperrsatzes und tragen Sie sie in die Spalte *Art* ein. (3) Schlagen Sie im entsprechenden Unterkapitel nach, welche Lösungsmöglichkeiten für die jeweilige Art des Spalt- bzw. Sperrsatzes angegeben sind. (4) Versuchen Sie für jeden der nachfolgenden Übungssätze, mehrere, syntaktisch verschiedene Übersetzungen zu erstellen. (5) Nehmen Sie eine stilistische Bewertung der verschiedenen von Ihnen angefertigten Übersetzungen vor.

Nr.	Übungssatz	Art
8.6.3.1	Lo que se pretende al escribir este libro es, fundamentalmente, orientar.	
8.6.3.2	Lo que Picasso pintó en 1907 es una obra de arte que nos devuelve la mirada con furioso desprecio.	
8.6.3.3	Cuando el rumor se extendió, tres guardias armados se aproximaron intentando averiguar qué era lo que ocurría.	
8.6.3.4	Yo lo que recuerdo de ellos es cuando estaba en la escuela.	
8.6.3.5	Le recuerdo que es usted quien acaba de traerme la maldita noticia.	
8.6.3.6	Pero al fin pareció comprender qué era lo que el otro quería saber.	
8.6.3.7	Porque hace tiempo que éste dejó de ser un país en el que cada cual podía decir abiertamente lo que sentía.	
8.6.3.8	En las críticas y en la prensa es lo que más destacan y es verdad, la voz es algo muy importante.	
8.6.3.9	Lo que hemos hecho es algo comercial para que la gente entre poco a poco en este mundo del flamenco.	
8.6.3.10	Cada cantador tiene su personalidad y eso es lo que yo busco.	
8.6.3.11	Esta visión está presente en muchos de estos artistas, es una reivindicación de los momentos que sí que tienen entidad.	
8.6.3.12	Sí que hemos depurado más el estilo en cuanto a las letras y las músicas.	
8.6.3.13	A mi marido lo único que de verdad le molesta es que fume.	
8.6.3.14	Me siento vasco. Más que alavés, vasco. Aunque a Vitoria le tengo mucho cariño, me he criado en Bilbao. Ahora, sí que soy alavés.	
8.6.3.15	El primer fotógrafo que me inspiró y me llevó a pensar que la fotografía y el arte podían ir juntos fue Man Ray.	
8.6.3.16	Esa, la recuperación de ese legado, sí que es una función de los poderes públicos.	

8.6.3.17	Fue entonces cuando el policía reparó por primera vez en quién se encontraba ante él.	
8.6.3.18	¿Quizá ha sido esa la razón principal por la que decidiste volver a interpretar este papel? – Pues a mi no se me había occurido, la verdad. Lo cierto es que me lo pidió un produtor.	
8.6.3.19	La grande y lamentable tragedia del arte de los siglos XVIII y XIX, comparado con la genialidad de un Miguel Ángel, fue perder de vista el acto de la creación. Eso es lo que Picasso se propone dinamitar.	
8.6.3.20	Estoy de acuerdo en que ese ignorante hombrecillo que cuando habla por sí mismo no sabe lo que dice, y cuando lee el discurso que otros han escritos no sabe a qué diablos se está refiriendo, no será nunca un líder con el carisma de un Hitler o un Stalin, pero es eso precisamente lo que le hace tan peligroso.	

9 Einleitungssätze

Der Ausdruck Einleitungssatz bezeichnet traditionell den ersten Satz in einem Anschreiben. Er wird auch zur Bezeichnung des ersten Satzes eines Lexikonartikels verwendet, der das Thema kurz und bündig zusammenfasst. In unserem Zusammenhang ist damit ein anderes Phänomen gemeint. Ich bezeichne als Einleitungssätze jene Hauptsätze, die keine eigene rhematische Aussage enthalten, sondern zur Aussage des Nebensatzes überleiten oder eben diese einleiten.

In der Regel stehen Einleitungssätze in unserem Sinne am Anfang eines neuen Absatzes, um diesen einzuleiten, oder am Ende eines Absatzes, um zum nächsten Absatz - oder einer Aufzählung - überzuleiten.

Einleitungssätze in unserem Sinne werden verwendet, um auf das Eigentliche zu sprechen zu kommen. Sie haben so gut wie keinen sachlichen Informationswert. Sie sind also das genaue Gegenteil von „bedeutungsschwanger“. Ihre syntaktische Funktion besteht im Wesentlichen darin, den thematischen Boden für die rhematische Aussage zu bereiten.

Vereinfacht gesagt, ist das Thema dasjenige, *worüber* gesprochen wird, und das Rhema dasjenige, *was* ausgesagt wird. Üblicherweise ist das Thema eines Satzes dem Leser durch die vorangegangenen Sätze bereits bekannt, während das Rhema für den Leser neu - und daher informationshaltig - ist.

In der Interkulturalitätsforschung wird den Deutschen ein höherer Grad an Direktheit und den Spaniern ein höherer Grad an Indirektheit zugeordnet. Dies zeigt sich nicht nur im zwischenmenschlichen Miteinander, sondern auch im sprachlichen Verhalten. Der Eindruck von sprachlicher Indirektheit entsteht zum Beispiel durch die häufige Verwendung von Einleitungssätzen.

Im Spanischen werden Einleitungssätze gerne und häufig verwendet, um nicht „mit der Tür ins Haus fallen zu müssen“. Im Deutschen wird hingegen in vielen Fällen sprachliche Direktheit bevorzugt. Dies drückt sich u. a. in weniger aufwändigen Syntaxkonstruktionen aus. In vielen Fällen kann daher eine spanische Konstruktion aus thematischem Einleitungssatz und rhematischem Nebensatz einfach mit einem deutschen Hauptsatz wiedergegeben werden.

Das Spanische kennt typische Wendungen, die in Einleitungssätzen benutzt werden. Natürlich bietet auch die deutsche Grammatik die Möglichkeit, ähnlich nichts sagende Einleitungssätze wie im Spanischen zu bilden. Aber sprechen und schreiben wir Deutschen wirklich so umständlich? Diese Konstruktionen verwenden wir nur in den seltensten Fällen. Viel eher greifen wir zu adverbialen und anderen Lösungen.

9.1 La verdad es que

Die Konstruktion *La verdad es que* leitet eine Aussage über einen Sachverhalt ein, deren Übereinstimmung mit der Wirklichkeit oder der Wahrheit behauptet oder hervorgehoben wird. Die Aussage kann je nachdem als Eingeständnis, als Bekräftigung oder als Behauptung gemeint sein.

9.1.1 **La verdad es** que no lo conozco.
9.1.1a **Die Wahrheit ist, dass** ich ihn nicht kenne.
9.1.1b Ich kenne ihn **wirklich** nicht.
9.1.2 **La verdad es que** no lo conoce.
9.1.2a **Die Wahrheit ist, dass** er ihn nicht kennt.
9.1.2b Er kennt ihn **wirklich** nicht.
9.1.2c Er kennt ihn **doch überhaupt** nicht.

9.2 Lo que pasa es que

Die Konstruktion *lo que pasa es que* leitet eine Aussage über einen Sachverhalt ein. Die Aussage kann je nachdem als Eingeständnis, als Behauptung, als Vermutung oder als Begründung gemeint sein.

9.2.1 **Lo que pasa es que** no tengo dinero.
9.2.1a **Das, was passiert ist, ist, dass** ich kein Geld habe.
9.2.1b **Es ist nämlich so, dass** ich kein Geld habe.
9.2.1c Ich habe **nämlich** kein Geld.
9.2.1d Ich hab' kein Geld. **So schaut's aus**.

9.3 Es que

Die Konstruktion *es que* leitet eine Begründung ein – meist für etwas zuvor Gesagtes, aber auch für eine aufgrund der Umstände offensichtliche Situation. Der Einleitungssatz *es que* kann natürlich mit einem deutschen Einleitungssatz vom Typ *es ist, weil* wiedergegeben werden. Idiomatischer ist jedoch die Wiedergabe mit einer kausalen Konjunktion (*denn*) oder einem Adverb (*nämlich*).

9.3.1 **Es que** tengo hambre.
9.3.1a **Es ist, weil** ich Hunger habe.
9.3.1b **Denn** ich habe Hunger.
9.3.1c Ich habe **nämlich** Hunger.

9.4 O sea que

Die Konstruktion *o sea que* leitet eine Vermutung ein.

9.4.1 **O sea que** es inglés.
9.4.1a **Oder** ist er **vielleicht** Engländer?
9.4.1b **Vielleicht** ist er Engländer.
9.4.1c **Oder** ist er **etwa** Engländer?
9.4.1d **Vermutlich** ist er Engländer.

Die Wiedergabe der Konstruktion *o sea que* mit einer „wörtlichen" Übersetzung ist nicht ratsam. Die Formulierung im folgenden Beispielsatz 9.4.1e klingt übersetzt und gestelzt. Zudem ist sie unidiomatisch und unüblich.

*9.4.1e **Oder** sei es, dass er Engländer ist.

Mit der durch die Konstruktion *o sea que* ausgedrükten Vermutung kann auch ein gewisses Erstaunen oder gar Entrüstung konnotiert sein, wie im folgenden Fall:

9.4.2 ¿**O sea que** nunca te interesaste lo que yo pensara?
9.4.2a Hast du dich **etwa** nie für das interessiert, was ich denke?
9.4.2b Hast dich **etwa** nie für das interessiert, was ich denke?

Die zweite Lösung 9.4.2b ist durch den Wegfall des Personalpronomens *du* deutlich umgangssprachlich makiert und daher nur in Fällen möglich, wo diese Markierung vom Kontext her gefordert ist.

9.5 Hay quien

Die Konstruktion *hay quien* bezieht sich auf Personen, nicht aber auf Sachverhalte. Sie leitet zur eigentlichen Aussage über und soll dabei verdeutlichen, dass es tatsächlich solche Personen gibt. Sie wird gerne verwendet, wenn eine Quantifizierung (*algunos, pocos, muchos, todos*) vermieden und lediglich die Existenz behauptet werden soll.

Im Deutschen neigen wir jedoch eher dazu, diese Existenzbehauptung durch eine ungenaue Quantifizierung mit *manche* oder *einige* wiederzugeben.

9.5.1 **Hay quien** piensa que los alemanes no tienen sentido de humor.
9.5.1a **Es gibt welche, die** denken, dass die Deutschen keinen Sinn für Humor hätten.
9.5.1b **Manche** denken, dass die Deutschen keinen Sinn für Humor hätten.
9.5.1c **Einige** denken, dass die Deutschen keinen Sinn für Humor haben.

9.6 Spalt- und Sperrsätze als Einleitungssätze

Im Spanischen können auch Spalt- und Sperrsätze (siehe Kapitel 8) die Funktion von Einleitungssätzen übernehmen. Typisch für diese Art ist der Hinweis auf das erste (zweite usw.) Mal:

9.6.1 **Es la primera vez que** lo escucho.
9.6.1a **Es ist das erste Mal, dass** ich das höre.

9.6.1b **Das ist das erste Mal, dass** ich das höre.
9.6.1c **Das** höre ich **zum ersten Mal**.

Eine andere typische Variante ist die Einleitung mit *lo que* + *Verb*:

9.6.2 **Lo que** me gusta es bailar contigo.
9.6.2a **Das, was** mir gefällt, ist, mit dir zu tanzen.
9.6.2b **Was** mir gefällt, ist, mit dir zu tanzen.
9.6.2c Mir gefällt **es**, mit dir zu tanzen.
9.6.2d Ich **tanze** gerne mit dir.

9.6.3 **Lo que** me faltan son tus labios de carmín.
9.6.3a **Das, was** mir fehlt, sind deine roten Lippen.
9.6.3b **Was** mir fehlt, sind deine roten Lippen.
9.6.3c Mir **fehlen** deine roten Lippen.

9.7 Übungssätze mit Einleitungssätzen

9.7.1 Übersetzungsrelevante Satzanalyse

Bevor Sie sich an die Übersetzung der nachfolgenden Übungssätze zu den Einleitungssätzen machen, sollten Sie eine übersetzungsrelevante Satzanalyse durchführen, um sich deren syntaktische Struktur zu vergegenwärtigen und die Funktion der einzelnen Teilsätze und Satzglieder zu analysieren.

Für Satz 9.7.2.4 sieht das Ergebnis der formalen und funktionalen Satzanalyse wie folgt aus: Der Einleitungssatz ist als Sperrsatz konstruiert. Das Subjekt des Hauptsatzes ist implizit im Verb (3. Person Singular) enthalten, das Prädikat ist *es*, das Prädikativum ist *la primera vez*. An den Hauptsatz schließt sich ein Nebensatz an, der mit der Konjunktion *que* eingeleitet wird und aus dem Pronomen *lo* als direktem Objekt und dem Prädikat *veo* besteht, das ebenfalls implizit das Subjekt (1. Person Singular) enthält. Der Nebensatz gibt uns an, dass ein *Ich* etwas *sieht*. Die Cleftkonstruktion stellt das Prädikativum in den Fokus und betont, dass das Ich es *zum ersten Mal* sieht.

Daraus ergeben sich zwei grundlegende Übersetzungsvarianten. Die erste Variante (9.7.2.4a und 9.7.2.4b) nimmt die formale Satzanalyse zum Ausgangspunkt und orientiert sich an der syntaktischen Konstruktion des Sperrsatzes. Die zweite Variante (9.7.2.4c und 9.7.2.4d) geht von der funktionalen Satzanalyse aus und wählt mit einer adverbialen Bestimmung eine syntaktisch weniger aufwändige Lösung:

9.7.2.4 Es la primera vez que lo veo.
9.7.2.4a Das ist das erste Mal, dass ich ihn sehe.
9.7.2.4b Das ist das erste Mal, dass ich es sehe.
9.7.2.4c Ich sehe ihn *zum ersten Mal*.

9.7.2.4d Ich sehe das *zum ersten Mal*.

Da uns der nötige Kontext fehlt, können wir nicht entscheiden, worauf sich das Pronomen *lo* bezieht. Deshalb sind oben die Varianten *ihn* als Bezug auf ein männliches Substantiv und *es/das* als Bezug auf ein sächliches Substantiv oder auf einen Sachverhalt angegeben. Das *lo* könnte sich sogar auf ein im Spanischen männliches Wort beziehen, das mit einem weiblichen Wort ins Deutsche übertragen wird. In diesem Fall wäre auch eine Übersetzung von *lo* mit *sie* denkbar.

9.7.2 Übungssätze zu den Einleitungssätzen

Gehen Sie bei der Übersetzung der nachfolgenden Übungssätze bitte wie folgt vor: (1) Führen Sie als erstes eine übersetzungsrelevante Satzanalyse durch. (2) Bestimmen Sie die Art des Einleitungssatzes und tragen Sie sie in die Spalte *Art* ein. (3) Schlagen Sie im entsprechenden Unterkapitel nach, welche Lösungsmöglichkeiten für die jeweilige Art des Einleitungssatzes angegeben sind. (4) Versuchen Sie für jeden der nachfolgenden Übungssätze, mehrere, syntaktisch verschiedene Übersetzungen zu erstellen. (5) Nehmen Sie eine stilistische Bewertung der verschiedenen von Ihnen angefertigten Übersetzungen vor.

Nr.	Übungssatz	Art
9.7.2.1	La verdad es que nunca me había fijado en mi voz, no le daba importancia.	
9.7.2.2	Lo que les pasa a los chavales de ahora es que como tienen tanta opción de rap español no se preocupan por los grandes clásicos y de dónde viene todo.	
9.7.2.3	Lo que pasa es que los de la SGAE[1] están rebufados por una ley que ellos mismos dictaron por la que existe el derecho a hacer una copia para compartir.	
9.7.2.4	Es la primera vez que lo veo.	
9.7.2.5	Es lo único que me calma los nervios.	
9.7.2.6	Perdona que te moleste, pero es que tengo que hacerte una pregunta bastante importante y delicada.	
9.7.2.7	Y de nuevo te pido disculpas, pero es que he descubierto que aquí existe un tipo que parece mi hermano mayor.	
9.7.2.8	¿O sea que puede que este tipo sea mi tío?	
9.7.2.9	Hay quien opina que las obras de arte no son ellas	

1 = Sociedad General de Autores y Editores, die spanische Verwertungsgesellschaft für Urheberrechte, vergleichbar mit der VG Wort (Schriftsteller) oder der GEMA (Komponisten) in Deutschland.

	mismas sino lo que de ellas se dice.	
9.7.2.10	–A mí el acento inglés de este tipo cada vez me suena más raro. –Es que debe ser de Londres.	
9.7.2.11	Sospecho que lo que ocurre es que aún no ha aprendido a hablar español.	
9.7.2.12	Hay quien deplora las interpretaciones multiplicándose incesantemente.	
9.7.2.13	¿O sea que por nuestra parte lo más inteligente que podemos hacer es proteger la vida de ese tipo?	
9.7.2.14	Hay quien considera que la acumulación de interpretaciones puede levar al sinsentido y a la banilización de la experiencia artística.	
9.7.2.15	¿Acaso es que ese tipo está pretendiendo desprestigiarme?	
9.7.2.16	Lo que tienes que hacer es capturarlo y traérmelo aquí.	
9.7.2.17	Hay quien se molesta porque ruedo mi película en Euskadi en inglés y no en castellano. Les digo, „mosquéate porque no la ruede en euskera …"	
9.7.2.18	¡Buenos días, padre, si es que ahí es de día!	
9.7.2.19	Pero lo que importa es que vamos a venderle una cabra esquelética y unos viejos pendientes por trescientos tres dólares, y eso, a mi modo de ver, es un negocio de putísima madre.	
9.7.2.20	La verdad es que estamos llegando a un punto en que tendremos que empezar a escuchar más a nuestras conciencias y menos a los políticos.	

10 Gemischte Übungssätze

Im Folgenden finden Sie Sätze, die nicht nur eines der behandelten grammatischen Phänomene aufweisen, sondern in denen gleich mehrere der besprochenen syntaktischen Konstruktionen vorliegen.

Die folgenden Übungssätze sind keine willkürlichen Konstruktionen eines Grammatiklehrers, sondern sind den verschiedenen spanischen Publikationen entnommen, die ich in der Einleitung genannt habe. Es handelt sich also um Sätze, die tatsächlich Gegenstand eines Übersetzungsauftrags sein könnten.

Auch hier sollten Sie sich, bevor Sie sich ans Übersetzen machen, überlegen, welche Arten von grammatischen Phänomenen die Übungssätze aufweisen.

In den vorangegangenen Kapiteln war in der Kapitelüberschrift bereits ein erster Hinweis auf die zu übende syntaktische Konstruktion enthalten. Dieser Hinweis fehlt hier. Zudem können in ein und demselben Übungssatz mehrere der angesprochenen Satzkonstruktion auftreten. Deshalb ist eine vorgängige übersetzungsrelevante Satzanalyse bei diesen gemischten Übungssätzen umso wichtiger.

Am besten notieren Sie zuerst in der Spalte „Art", welche der besprochenen syntaktischen Konstruktionen in dem jeweiligen Übungssatz vorkommt bzw. vorkommen. Je komplexer die Übungssätze werden, desto wichtiger wird es, sie nicht als Einheit zu sehen. Stattdessen sollten Sie ausgehend von einer formalen und funktionalen Satzanalyse, jeden Übungssatz in seine Gliedsätze aufgliedern und jeden Gliedsatz als übersetzerisches Teilproblem identifizieren. Für die Übersetzung der folgenden Übungssätze empfehle ich Ihnen also ein stufenweises Vorgehen.

Wenn Sie die Übersetzungsvarianten für die einzelnen Teilprobleme erarbeitet haben, ist es an der Zeit, sie zu integrieren und zu einer Gesamtlösung zusammenzuführen. Das Ergebnis sollte eine grammatisch korrekte und stilistisch brauchbare Übersetzungslösung für die einzelnen Übungssätze sein.

Den meisten Nutzen aus diesem Kapitel ziehen Sie, wenn Sie sich für die einzelnen Übungssätze nicht nur jeweils eine, sondern mehrere - mindestens aber zwei - syntaktisch unterschiedliche Lösung erarbeiten. Ihr Ziel sollte nicht so bescheiden sein, sich mit nur einer Lösung zufrieden zu geben, nach dem Motto: Hauptsache geschafft! Sie sollten vielmehr die Gelegenheit nutzen, sich die Kompetenz zur übersetzerischen Flexibilität anzueignen.

Wenn Sie sich die übersetzerische Flexibilität angeeignet haben, sind Sie in der Lage, je nach den stilistischen und textsortenspezifischen Anforderungen für ein und denselben ausgangssprachlichen Satz eine angemessene zielsprachliche Formulierung zu finden. Die folgenden Übungssätze sollen Ihnen helfen, diesem Ziel einen Schritt näher zu kommen.

10.1 Sehr einfache gemischte Übungssätze

Gehen Sie bei der Übersetzung der nachfolgenden Übungssätze bitte wie folgt vor: (1) Führen Sie als erstes eine übersetzungsrelevante Satzanalyse durch. (2) Bestimmen Sie, welche der besprochenen syntaktischen Konstruktionen vorliegen, und tragen Sie sie in die Spalte *Art* ein. (3) Schlagen Sie in den entsprechenden Unterkapiteln nach, welche Lösungsmöglichkeiten für die jeweiligen syntaktischen Konstruktionen angegeben sind. (4) Versuchen Sie für jeden der nachfolgenden Übungssätze, mehrere, syntaktisch verschiedene Übersetzungen zu erstellen. (5) Nehmen Sie eine stilistische Bewertung der verschiedenen von Ihnen angefertigten Übersetzungen vor.

Gehen Sie nach diesem Schema auch bei den anderen, komplexeren Übungssätzen in den nächsten Unterkapiteln vor.

Nr.	Übungssatz	Art
10.1.1	Fue Ariadna, hija de Minos, que se enamoró de Teseo.	
10.1.2	Javier, un joven español, viaja con su mujer chilena y su hijo hasta Oliva, ciudad donde viven los padres de Javier.	
10.1.3	„Algunas veces, no siempre, la entrevista que toca hacer es la entrevista que apetece hacer“, le afirmó un periodista.	
10.1.4	Para Ventura Pons, además, la historia propuesta por el novelista valenciano tiene otros alicientes.	
10.1.5	Un verdadero alarde técnico, pues, que demuestra el nivel alcanzado por la ciencia de la Antigüedad.	
10.1.6	Ambos guardaron silencio durante un rato, pateando la arena y mirando al mar.	
10.1.7	Procurando no despertarlo, Juan le limpió la llaga y la espalda con el agua caliente que le subió Mariona.	
10.1.8	Hacia el año 800, colonos noruegos empezaron a establecerse en las islas Feroe.	
10.1.9	Sin embargo, con el tiempo la disciplina monástica inspirada en la regla de San Benito se fue relajando.	
10.1.10	Si algún día dejan de gustar mis libros, quiero estar trabajando en lo que he hecho siempre.	
10.1.11	El surrealismo, capitaneado por André Breton, surge como evolución del movimiento dadaísta.	
10.1.12	–Lo sabe porque en el fondo es igual que yo –replicó ella evitando que fuera el pelirrojo el que contestara–.	

10.1.13	Lo cierto es que me dieron un té muy amargo, casi al instante me quedé dormido y al despertar ya no había nadie.	
10.1.14	Al final vivimos en una ciudad de flujos en la que ya no hay espacios donde establecer relaciones sociales duraderas.	
10.1.15	No pretendemos llegar a poder decir plenamente lo que es el flamenco, pero sí dónde está, cómo está y cuándo está.	

10.2 Einfache gemischte Übungssätze

Nr.	Übungssatz	Art
10.2.1	Muchas de las chicas iraníes apasionadas del fútbol no están dispuestas a rendirse y se ingenian trucos de todo tipo para colarse en los estadios.	
10.2.2	Fuera de la universidad, David, un joven de 25 años, es obligado por su padre a construir su casa en el terreno que le regaló en su 18 cumpleaños.	
10.2.3	Apoyado por sus amigos y rodeado de obreros, ex novias infieles y hippies desorientados, David luchará contra cuestionamientos vitales más esenciales.	
10.2.4	Fallecido en 1999, Bernardo Silva Carrasco, el Indio Gitano, sigue siendo un referente ineludible para el cante actual.	
10.2.5	Cada día que empieza tienes 1.440 minutos por delante. Y ninguno se repite. Por eso tendrás que saber bien lo que haces con ellos. Los que no utilices se perderán.	
10.2.2	Es curioso también que, poco después de casarse con Adelaida, Otón cediera el cetro a favor, de nuevo, de Berengario.	
10.2.7	Después le aplicó el ungüento, de olor fuerte y agrio, el cual debió de empezar a surtir efecto de inmediato puesto que Arnau se movió inquieto, pero no llegó a despertarle.	
10.2.8	Desde el punto de vista lingüístico, el modelo de Kade, al igual que todos los demás modelos basados en la teoría de la comunicación, peca de »generalista«.	

10.2.9	En un principio, *Volver* de Pedro Almodóvar parecía imbatible, y así ha sido, aun teniendo que compartir el número 1 con una coproducción hispano-mexicana.	
10.2.10	La expansión cluniacense propició la unidad de Europa en torno a una misma concepción religiosa, expresada artísticamente a través del estilo románico.	
10.2.11	Si en una obra puedes hacer lo que quieres se convierte en aburridísima. Me interesa mucho más que el proyecto te vaya descubriendo cosas.	
10.2.12	Aunque Picasso se origina en el mismo ambiente decadente, hace cosas en las que ningún otro artista del *fin-de-siècle* se había parado a pensar.	
10.2.13	Es sorprendente, por ejemplo, que fuera el propio monarca alemán el que tan sólo un año antes, tras la muerte de Lotario en 950, apoyara el encumbramiento de Berengario II.	
10.2.14	En España, desde hacía siglos, se había ido forjando como en ningún otro país una cultura de la guerra que enaltecía el valor militar por encima de otras cualidades.	
10.2.15	En efecto, Gregorio, educado en un monasterio italiano adepto a la reforma de Cluny, se inspiró en los principios religiosos de la orden para materializar su reforma.	
10.2.16	Se calcula que, en sucesivas oleadas, debieron llegar a España – siempre através de los Pirineos – hasta 180.000 gitanos que se fueron desperdigando por todo el país.	
10.2.17	Con innegables influencias judías y moriscas y, sobre todo, basándose en la mutua asimilación de andaluces y gitanos, nacerían los primeros gritos, preludio de lo que fue el cante.	
10.2.18	Suelen mencionarse como primeras referencias literarias del flamenco las que aparecen en 1847 en el libro de Serafín Estébanez Calderón *Escenas andaluzas*.	
10.2.19	Se suele decir que la gente es demasiado estúpida para los libros, pero, por el contrario, yo creo que se ha vuelto demasiado inteligente.	
10.2.20	Murcia, su ciudad natal, le rinde homenaje a Francisco Salzillo con diversas exposiciones coincidiendo con el III centenario de su nacimiento.	

10.3 Komplexe gemischte Übungssätze

Nr.	Übungssatz	Art
10.3.1	Trascendiendo el género de la novela de aventuras el autor asume el empeño de recrear desde dentro el mundo de la España del XVII, siglo de oro manchado de pólvora y sangre.	
10.3.2	Proseguindo estudios anteriores, un equipo internacional ha puesto en marcha un proyecto de reconstrucción e interpretación del mecanismo, para el que se han empleado avanzadas técnicas informáticas.	
10.3.3	Beuys declara que al comenzar una obra siempre llevamos un saco de cultura a nuestras espaldas, un depósito de narraciones, prejuicios o mitos que se niegan a abandonarnos.	
10.3.4	Al no haber una clara distinción entre el espacio del que mira y el objeto de la visión, lograba su objetivo con una contundencia y una brutalidad desconocidas hasta entonces en la pintura occidental.	
10.3.5	La novela comenzó a gestarse hace cuatro años, a partir de una idea: descubrí que yo no podía ser feliz si no tenía hijos, que el grado de felicidad al que podía aspirar sin ellos era espurio.	
10.3.2	Lo triste fue que, mientras que los intelectuales respondieron con entusiasmo a la llamada de Manuel de Falla colaborando intensamente, el pueblo apenas prestó atención y volvió la espalda al Concurso Nacional de Cante Jondo.	
10.3.7	De un lado, acaba de celebrarse el centenario del inicio de la construcción de una de sus obras más señeras, la Casa Milá, situada en el Paseo de Gracia de Barcelona y popularmente conocida como La Pedrera.	
10.3.8	Conociendo como conozco a Morrison, quiero suponer que, si en realidad es quien está detrás de todo esto, una vez descubierto el pastel lo único que le interesará es hacer desaparecer las pruebas de su ineptitud.	
10.3.9	Nadie le impidió el paso, por lo que muy pronto avanzó por entre filas de máquinas tragaperras, incapaz de asimilar lo que estaba viendo, aturdido por el ruido, las voces, la pegadiza musiquilla y los millones de luces.	

10.3.10	El fallecimiento de su progenitor, en octubre de 1727, le obligó a ocuparse de la dirección del taller y de la economía familiar, orientándose definitivamente por los senderos del arte.	
10.3.11	La actriz argentina Vera Fogwill debuta en la dirección, junto a Martín Desalvo, con una historia que ha escrito ella misma y que habla de temas muy serios, y muy femeninos, apoyada en el humor, tabla de salvación de sus personajes.	
10.3.12	Quizás Picasso no habría imaginado estos cambios, pero, *quid pro quo*, sin duda gracias a que entraron en el MoMA, *Las Señoritas de Aviñón* acabaron adquiriendo fama mundial.	
10.3.13	Al oír su nombre Ali Bahar abrió los ojos, se los restregó con el fin de aclararse la vista y buscó a su alrededor tratando de averiguar quién le llamaba, pero por más que se esforzó no consiguió ver a nadie.	
10.3.14	Al fondo distinguió media docena de hombres cubiertos con largos mandiles blancos que se afanaban trabajando sin haber reparado en su presencia, por lo que se escabulló en sentido contrario entre una ingente cantidad de mercancías.	
10.3.15	Con respecto a España la más antigua prueba documental escrita con que contamos data de 1425. Es un salvoconducto expedido por el rey Alfonso V el Magnánimo autorizando la entrada de un grupo de gitanos en enero de ese año.	

10.4 Sehr komplexe gemischte Übungssätze

Nr.	Übungssatz	Art
10.4.1	La función principal que cumple el *tablao* es la internacionalización del flamenco ya que son miles - millones, incluso, de turistas de todas las nacionalidades- los que contemplan y digieren, con mayor o menor fortuna, el *menú* flamenco.	
10.4.2	No es que sea pesimista, señor. Es que pronto será noche cerrada y al amanecer un tipo que se ha criado en el desierto y que por lo que hemos podido comprobar se alimenta de serpientes y leche de cabra, estará ya en Chicago.	

10.4.3	Es necesario volver a la imagen del *Angelus Novus* de Paul Klee, ese ángel que arrastrado por un vendaval vuelve ala cabeza hacia atrás, siendo su mirada la que hace crecer las ruinas hasta el cielo: perplejo por una catástrofe que sospecha irreparable.	
10.4.4	Estas palabras de Caballero Bonald enlazan con lo que hemos visto en el capítulo anterior y reafirman lo que ya sabemos: los gitanos, en íntima convivencia con los andaluces y asimilando su folclore musical, posibilitan el nacimiento del flamenco.	
10.4.5	Es decir, todo estaba en los breves comentarios de Barr. Todo lo que luego ha sido objeto de tanta literatura y de tanta polémica quedó enunciado. La polivalencia de la obra y, por tanto, su apertura al comentario contrastado, quedaba expuesta.	
10.4.2	Picasso tuvo que realizar, como él mismo dijera, un cúmulo de destrucciones. Una de ellas está en el origen mismo de *Las Señoritas de Aviñón* y no es otra que la destrucción de la antinomia española o andaluza con respecto a lo africano, establecida desde la época de la Reconquista.	
10.4.7	Picasso dibujó incansablemente figuras femininas en distintas posturas, bastante geometrizadas y con un canon achaparrado, y es muy evidente que trataba de asimilar las formas de los ídolos africanos y oceánicos, fundiéndolas con otras sugerencias artísticas primigenias (como las de la escultura ibérica).	
10.4.8	Ya sabemos que el artista malagueño llegó a poseer durante algún tiempo una cabeza de esta cultura hispánica ancestral, robada en el Museo del Louvre por un sinvergüenza belga llamado Géry Pieret, a quien Apollinaire presentaba a veces como su secretario.	
10.4.9	A través de más de 300 obras, se muestra por ejemplo cómo artistas como Dalí se interesan por el diseño y cómo tantos otros diseñadores fueron inspirados por el surrealismo, sacando a la luz la tensión creada con la comercialización – banalización, opinarían algunos puristas – de la estética surrealista.	
10.4.10	Se trataba de catorce jóvenes atenienses (siete varones y siete muchachas) que, según la leyenda, debían ser enviados a Minos, rey de Creta, para que fueran	

	encerrados en el palacio del Laberinto y devorados por un terrible monstruo, el Minotauro.	
10.4.11	A poca distancia ya de Atenas, con la alegría del triunfo, tanto el piloto de la nave como Teseo se olvidaron de izar la vela blanca y Egeo, pensando que la expedición había fracasado, se lanzó al mar (que lleva su nombre desde entonces) y murió ahogado.	
10.4.12	El todopoderoso rey de España, tradicional paladín de la fe católica, sabía que, además, estaban sobre la mesa importantes argumentos de prestigio y estratégicos, pues los Países Bajos eran la vía de comunicación ‚natural' con importantes potencias, como Inglaterra, Francia o el Imperio.	
10.4.13	Insertándose en la larga tradición de novelas de piratas, coronada por Dumas y Salgari y, en España, por el olvidado Manuel Fernández y González, Pérez-Reverte nos ofrece, en la sexta entrega de las Aventuras del capitán Alatriste, una historia trepidante y llena de tensión narrativa.	
10.4.14	Pata Negra, ese grupo mítico dentro de la historia de la música española, regresa con Rafael Amador cantando y tocando la guitarra, como siempre, acompañado de una joven banda de músicos entre los que está su hijo Luis y el mítico guitarrista sevillano Andrés el Pájaro.	
10.4.15	„Ser traductor literario forma parte de mi aprendizaje. La traducción es una de las formas más íntimas de relacionarte con un texto, más que la que puedes alcanzar como lector, ya que se trata de hacer una interpretación, una reescritura", dijo Javier Calvo.	
10.4.16	Lo observó todo con infinita paciencia, casi sin mover un músculo, buscando el camino que podría conducirle hasta la mezquita de la que su padre le había hablado y estudiando el modo de evitar tener que atravesar aquellas anchas cintas negras por las que miles de hermosos automóviles y gigantescos camiones se desplazaban a increíble velocidad.	
10.4.17	El Victoria and Albert Museum de Londres presenta una extensa muestra bajo el título *Surreal Things: surrealism and design*, en la que podemos descender a las raíces antológicas de un grupúsculo, casi una secta de intelectuales, que en las décadas de los veinte y los	

	treinta del pasado siglo devolvieron del cuarto oscuro una serie de corrientes culturales arrinconadas por el siglo de las luces.	
10.4.18	El cante en el cuarto. La frase se ha hecho tópico. Conviene, sin embargo, pensar que ese cante del cuarto, escuchado siempre con cuatro copas, tenía predispuesto el ánimo para hacer sublime lo que tal vez no lo era. Quitemos cinco horas al reloj, cuatro botellas de vino, varios enteros a nuestra tensión arterial: ¿no acabaríamos por desmitificar unos sucesos deformados por buscadas alucinaciones?	
10.4.19	Después de su viaje a Israel, en 1981, Kiefer queda literalmente atrapado por el poema de Paul Celan *Fuga de muerte*, publicado en 1952, en el que aparecen imágenes terribles, como la tumba en el aire, la leche negra, la muerte que es un maestro alemán o la contraposición entre el pelo de oro de Margarita y el de ceniza de Sulamita.	
10.4.20	Como su mente no podía hacerse a la idea de que le habían trasladado al otro lado del planeta, y ni siquiera tenía claro el concepto de que el mundo fuera redondo por lo que, cuando en una parte era de día en las antípodas era de noche, acabó por dejarse resbalar hasta quedar sentado, fláccido y derrotado, para musitar con apenas un hilo de voz: „!Pues yo no veo el sol!"	

11 Das Modalverb *werden* in der Übersetzung

Das deutsche Modalverb *werden* ist oftmals schwer ins Spanische zu übersetzen. Umgekehrt kann dieses Verb eine nützliche Hilfe sein, wenn spanische Gerundial-, Infinitiv- oder Partizipialkonstruktionen ins Deutsche zu übertragen sind. Im Folgenden werden ein paar Beispiele gegeben, die zeigen sollen, auf welch vielfältige Art und Weise dieses unscheinbare und oft unterschätzte Wörtchen dem Übersetzer wertvolle Hilfe leisten kann.

Im Wesentlichen sind es drei Gruppen von spanischen Verben, die alleine oder in Verbindung mit einem Adjektiv, Adverb oder Substantiv mit dem Modalverb *werden* ins Deutsche übersetzt werden können. Es sind dies die prozessualen, die resultativen und die inchoativen Verben.

11.1 Prozessuale Verben

Prozessuale Verben drücken, wie der Name schon sagt, einen Prozess aus: das Werden im Gegensatz zum Sein.

11.1.1 ponerse

11.1.1.1 Miente **sin ponerse** colorado.
11.1.1.1a Er lügt, **ohne** rot **zu werden**.

11.1.1.2 Nieves **se puso roja** de ira al ver a aquel hombre pegar al perro.
11.1.1.2a Nieves **wurde rot** vor Zorn, als sie jenen Mann den Hund schlagen sah.
11.1.1.2b Nieves **wurde rot** vor Zorn, als sie sah, wie jener Mann den Hund schlug.

11.1.2 volverse

11.1.2.1 Desde que perdió a su mujer por una grave enfermedad **se ha vuelto muy serio**.
11.1.2.1a Seit er seine Frau durch eine schwere Krankheit verlor, **ist er sehr ernst geworden**.
11.1.2.1b Seit er seine Frau durch eine schwere Krankheit verloren hat, **ist er sehr ernst geworden**.

11.1.3 convertirse en

11.1.3.1 Bismarck **se convirtió** después de su muerte en un héroe nacional.
11.1.3.1a Bismarck **wurde** nach seinem Tod zum Nationalhelden.

11.1.4 meterse a

11.1.4.1 **Se ha metido** músico, aunque no tiene estudios para ello.
11.1.4.1a Er **ist** Musiker **geworden**, obwohl er nicht Musik studiert hat.

11.1.5 hacerse

11.1.5.1 **Al hacernos mayores,** los sueños se vuelven pequeños.
11.1.5.1a **Wenn** wir **älter werden**, werden die Träume kleiner.
11.1.5.1b **Während** wir **älter werden**, werden die Träume kleiner.

11.1.5.2 La solución del problema **se va haciendo** cada vez más difícil.
11.1.5.2a Die Lösung des Problems **wird** immer schwieriger.

11.1.5.3 José **se hizo** intérprete en cuatro años de intenso estudio.
11.1.5.3a José **wurde** nach vierjährigem intensivem Studium Dolmetscher.

11.1.5.4 Entretanto, ya **se hacía** de noche.
11.1.5.4a Inzwischen **wurde** es schon Nacht.
11.1.5.4b Inzwischen **wurde** es schon dunkel.
11.1.5.4c Inzwischen **dämmerte** es schon.

11.1.6 pasar a (ser)

11.1.6.1 En esta empresa, Manolo **pasó** en poco tiempo a ser un alto directivo.
11.1.6.1a In diesem Unternehmen **ist** Manolo in kurzer Zeit eine bedeutende Führungskraft **geworden**.

11.1.6.2 El monárquico **pasó** republicano por convicción.
11.1.6.2a Aus dem Monarchisten **wurde** ein Republikaner aus Überzeugung.
11.1.6.2b Aus dem Monarchisten **wurde** ein überzeugter Republikaner.

In Lösung 11.1.6.2a ist die attributive Nominalphrase *por convicción* durch eine ebenfalls aus einer Präposition und einem Substantiv bestehenden Nominalphrase wiedergegeben. Solche analog gebildeten Konstruktionen sind jedoch nicht immer die beste Wahl. Wie Lösung 11.1.6.2b zeigt, ist im Deutschen eine Attribution mittels eines Adjektivs häufig die idiomatischere Alternative.

11.2 Resultative Verben

Resultative Verben betonen das Ergebnis einer Handlung.

11.2.1 quedarse

11.2.1.1 En los últimos años de su vida, el famoso artista **se quedó** ciego y sordo.
11.2.1.1a In den letzten Jahren seines Lebens **wurde** der berühmte Künstler blind und taub.
11.2.1.1b In den letzten Jahren seines Lebens **war** der berühmte Künstler blind und taub.

11.2.2 salir

11.2.2.1 En estas nuevas cafeteras **sale** un café muy cargado aunque eches poca cantidad de café.
11.2.2.1a Mit diesen neuen Kaffeemaschinen **wird** der Kaffee sehr stark, auch wenn man wenig Kaffee nimmt.

11.2.3 llegar a (ser)

11.2.1.1 **Ha llegado** a sernos imprescindible.
11.2.1.1a Er **ist** uns unentbehrlich **geworden**.
11.2.1.1b Er **ist** für uns unentbehrlich **geworden**.

11.2.1.2 **Llegó** a ser Presidente Federal.
11.2.1.2a Er **wurde** Bundespräsident.

11.2.4 resultar

11.2.1.1 Si vamos varios, el taxi nos **va a resultar** más barato.
11.2.1.1a Wenn wir zu mehreren fahren, **wird** das Taxi billiger.

11.2.1.2 Este viaje **resultó** una experiencia inolvidable.
11.2.1.2a Diese Reise **wurde** zu einem unvergesslichen Erlebnis.

11.3 Inchoative Verben

Inchoative Verben betonen den Beginn einer Handlung. Im Spanischen gelten die folgenden Verben als inchoativ und können ins Deutsche mit *werden + Adjektiv* oder *werden + Substantiv* übersetzt werden.

amanecer	Tag werden, hell werden
anochecer	Abend werden, dunkel werden
cansarse	müde werden
desmayarse	ohnmächtig werden
enfadarse	ärgerlich werden
enfriarse	kalt werden
engordar	dick werden
envejecer	älter werden, altern
refrescar	kühler werden, abkühlen

Einige Beispielsätze:

11.3.1 No por mucho madrugar **amanece** más temprano.
11.3.1a Durch Frühaufstehen **wird** es auch nicht **früher Tag**.
11.3.1b Durch frühes Aufstehen **wird** es auch nicht **eher hell**.

11.3.2 ¡Venid a comer! Se **va a enfriar** la sopa.
11.3.2a Kommt essen! Die Suppe **wird kalt**.

11.3.3 **Va siendo** hora de hacer algo.
11.3.3a Es **wird** Zeit, etwas zu tun.

11.3.4 ¿Qué **ha sido** de él?
11.3.4a Was **ist** aus ihm **geworden**?

11.4 Übungen zur Übersetzung mit dem Modalverb *werden*

Gehen Sie bei der Übersetzung der nachfolgenden Übungssätze bitte wie folgt vor: (1) Führen Sie als erstes eine übersetzungsrelevante Satzanalyse durch. (2) Bestimmen Sie um welche Art von Verb (prozessual, resultativ oder inchoativ) es sich handelt und tragen Sie das Ergebnis in die Spalte *Art* ein. (3) Schlagen Sie in den entsprechenden Unterkapiteln nach, welche Lösungsmöglichkeiten für die jeweilige Verbalkonstruktion angegeben sind. (4) Versuchen Sie für jeden der nachfolgenden Übungssätze, mehrere, syntaktisch verschiedene Übersetzungen zu erstellen. (5) Nehmen Sie eine stilistische Bewertung der verschiedenen von Ihnen angefertigten Übersetzungen vor.

Nr.	Übungssatz	Art
11.4.1	Pasó las vacaciones en las islas Canarias y se ha puesto muy moreno.	
11.4.2	Entonces eran jóvenes todavía pero se han hecho viejos.	
11.4.3	Hizo sol toda la mañana pero a mediodía el cielo se puso negro.	
11.4.4	Empieza a hacer frío.	

11.4.5	Carmen se casó a los veinte años pero se quedó viuda muy joven.	
11.4.6	María se ha puesto pálida porque le hemos dado esta mala noticia.	
11.4.7	Cuando empezó a trabajar en nuestra oficina, Carlos era muy reservado, pero se ha vuelto muy abierto.	
11.4.8	Va siendo hora de marcharse.	
11.4.9	La comida ha salido buena.	
11.4.10	Con este calor, la carne se ha puesto mala.	
11.4.11	El tiempo se va poniendo lluvioso.	
11.4.12	Se está haciendo tarde.	
11.4.13	¿Y qué va a ser de nosotros?	
11.4.14	La situación se va aclarando cada vez más.	
11.4.15	Desde que la conoce, se ha vuelto otro.	
11.4.16	Los frecuentes viajes le están resultando demasiado caros.	
11.4.17	Quiere hacerse fraile.	
11.4.18	Esta mujer llegó a ser mundialmente famosa.	
11.4.19	Está oscureciendo.	
11.4.20	Con los años se ha convertido en una autoridad en estos temas.	

12 Bibliografie

Alarcos Llorach, Emilio (1999): Gramática de la lengua española. Madrid: Espasa Calpe (Real Academia Española).

Benjamin, Walter (1963): Die Aufgabe des Übersetzers. In: Störig 1963, 156-169.

Bosque, Ignacio / Demonte Barreto, Violeta (Hrsg.) (1999): Gramática descriptiva de la lengua española. 3 Bände. Madrid: Espasa Calpe.

Bußmann, Hadumod (2002): Lexikon der Sprachwissenschaft. 3., aktualisierte und erweiterte Auflage. Stuttgart: Kröner.

Carrasco Gutiérrez, Ángeles (1999): El tiempo verbal y la sintaxis oracional. La *consecutio temporum*. In: Bosque/Demonte 1999, 3061-3128.

Cartagena, Nelson / Gauger, Hans-Martin (1989): Vergleichende Grammatik Spanisch - Deutsch. 2 Bände. Mannheim: Dudenverlag.

Cerrolaza Gili, Óscar (2005): Diccionario práctico de gramática. 800 fichas de uso correcto del español. Madrid: Edelsa.

De Bruyne, Jacques (2002): Spanische Grammatik. Tübingen: Niemeyer.

de Miguel, Elena (1999): El aspecto léxico. In: Bosque/Demonte 1999, 2977-3060.

Duden (2005): Richtiges und gutes Deutsch - Wörterbuch der sprachlichen Zweifelsfälle (= Duden Band 9). Mannheim: Dudenverlag.

Fente Gómez, Rafael / Fernández Álvarez, Jesús / Feijóo, Lope G. (1976): Perífrasis verbales. Madrid: Sociedad General Española de Librería.

Fernández de Castro, Félix (1999): Las perífrasis verbales en el español actual. Madrid: Gredos.

García Fernández, Luis / Carrasco Gutiérrez, Ángeles / Camus Bergareche, Bruno / Martínez-Atienza, María / García García-Serrano, María Ángeles (2006): Diccionario de perífrasis verbales. Madrid: Gredos.

Görrissen, Margarita (2006): Praxis-Grammatik Spanisch. Stuttgart: Pons.

Holtus, Günter / Metzelin, Michael / Schmitt, Christian (Hrsg.) (1996): Lexikon der Romanischen Linguistik. Tübingen: Niemeyer.

Homberger, Dietrich (2003): Sachwörterbuch zur Sprachwissenschaft. Stuttgart: Reclam.

Hönig, Hans (1986): Übersetzen zwischen Reflex und Reflexion - ein Modell der übersetzungsrelevanten Textanalyse. In: Snell-Hornby 1986, 230-251.

Klenk, Ursula / Körner, Karl-Hermann / Thümmel, Wolf (Hrsg.): Variatio linguarum. Beiträge zu Sprachvergleich und Sprachentwicklung. Festschrift zum 60. Geburtstag von Gustav Ineichen. Wiesbaden: Franz Steiner.

Lenz, Rodolfo (1973): La oración y sus partes. Estudios de gramática general y castellana. Santiago de Chile: Ed. Nascimento.

Lewandowski, Theodor (1990): Linguistisches Wörterbuch. Heidelberg: Quelle & Meyer.

López García, Ángel (1994): Gramática del español. Vol. I: La oración compuesta. Madrid: Arcos/Libro.

López García, Ángel (1996): Gramática del español. Vol. II: La oración simple. Madrid: Arcos/Libro.

López García, Ángel (1998): Gramática del español. Vol. III: Las partes de la oración. Madrid: Arcos/Libro.

Metzeltin, Michèle (1989): Zur Typologie der romanischen Spaltsätze. In: Klenk/ Körner/Thümmel 1989, 191-203.

Moriena, Claudia / Genschow, Karen (2004): Große Lerngrammatik Spanisch. München: Hueber.

Nord, Christiane (1995): Textanalyse und Übersetzen. Heidelberg: Julius Groos.

Nord, Christiane (2002) Fertigkeit Übersetzen - ein Selbstlernkurs zum Übersetzenlernen und Übersetzenlehren. Alicante: ECU.

Nord, Christiane (2003): Kommunikativ handeln auf Spanisch und auf Deutsch - ein übersetzungsorientierter funktionaler Sprach- und Stilvergleich. Wilhelmsfeld: Egert.

Oesterreicher, Wulf (1996): Gemeinromanische Tendenzen - VI. Syntax. In: Holtus/Metzelin/Schmitt: Lexikon der Romanischen Linguistik II, 1, 309-355.

Pérez-Rioja, José Antonio (1971): Gramática de la lengua española. Madrid: Tecnos.

Pusch, Claus D. / Wesch, Andreas (Hrsg.) (2003): Verbalperiphrasen in den (ibero-) romanischen Sprachen. Perífrasis verbals en les llengües (ibero-)romàniques. Perífrasis verbales en las lenguas (ibero-)románicas. Hamburg: Buske.

Real Academia (1973): Esbozo de una nueva gramática de la lengua española. Madrid: Espasa Calpe.

Reumuth, Wolfgang / Winkelmann, Otto (1997): Praktische Grammatik der spanischen Sprache. Wilhelmsfeld: Egert.

Rodríguez, Teresita (1996): Standardgrammatik Spanisch. München: Langenscheidt.

Seco, Rafael (1962): Manual de gramática española. Madrid: Aguilar.

Smits, R. J. C. (1989): Eurogrammar. The relative and cleft constructions of the Germanic and Romance languages. Dordrecht: Foris.

Snell-Hornby, Mary (Hrsg.) (1986): Übersetzungswissenschaft - Eine Neuorientierung. Tübingen: Francke.

Störig, Hans Joachim (Hrsg.) (1963/^{2}1969/^{3}1973): Das Problem des Übersetzens. Darmstadt: Wissenschaftliche Buchgesellschaft.

Süß, Kurt / Pérez, Petronilo / Ruipérez, Germán (2003): Lerngrammatik Spanisch. Frankfurt: Diesterweg.

van Bommel, Antoon / van Esch, Kees / Hallebeek, Jos (2002): Estudiando español – Grundgrammatik. Stuttgart: Klett.

Wandruszka, Mario (1971): Interlinguistik: Umrisse einer neuen Sprachwissenschaft. München: Piper.

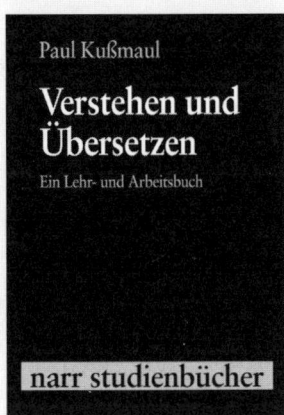

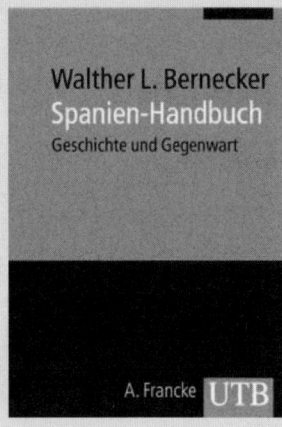